女ことばってなんなのかしら?

「性別の美学」の日本語

平野卿子
Hirano Kyoko

河出新書
063

はじめに

三十年ほど前、ドイツの小説を翻訳していたときのこと。男同士の殴り合いの場面を訳しながら、わたしはそれまで味わったことのない高揚感を感じている自分に気がつきました。

「とっとと失せろ、この野郎！　貴様は疫病神だ、もとのドン底生活に戻れ！」

なんなんだ、これは！　こんなこと、生まれてから一度もいったことない。なんていい気持ちなんだろう。胸がスカッとする。

これが、「男ことば」の効用に、つまりことばにおける男の特権にわたしが気がついた記念すべき瞬間でした。そんなわたしの口をついて出てきたのは――「カイ、カン！」。そう、映画『セーラー服と機関銃』で、薬師丸ひろ子が機関銃を連射したときのあのセリフです。パソコンに向かってひとり、「カイ、カン」とつぶやいたときのことを、わたしはいまでも忘れることができません。

罵倒することと機関銃を思うさまぶっ放すことは、どこかつながっている。どちらにも、怒りを発散し、気持ちを解放することによる高揚感があるからです。

思えば、自分がそれまで文字通り吐く息のように「女ことば」をしゃべっていたことを、わたしはこのとき生まれて初めて意識したのでした。同時に、わたしのなかに小さな疑念が生まれました。

日本にはなぜ女ことばがあるの？　女ことばってなんなのかしら？

けれどもその思いは、日々の雑事に埋もれ、やがて薄れていきました。

ふたたび女ことばについて考えるようになったのは、一九九四年にドイツで発表されるやたちまちミリオンセラーになったウーテ・エーアハルト『誰からも好かれようとする女たち』（原題は『かわいい女は天国へいくが、生意気な女はどこへでもいける』）を翻訳したことがきっかけです。

「いい娘《こ》」でなんかいなくていい、「生意気な女」になって自由に生きようと呼びかけるこの本で、心理学者であるエーアハルトは女性のことば遣いについて、次の一文を皮切りにいくつもの興味深い指摘をしています。

お行儀のよい娘は口にしない一連の言葉がある。すでにここで言葉のうえでの制約がはじまっている。言葉づかいにおいても女性は微妙にへりくだっている。その微妙さゆえに、これを正確にあぶりだすことはむずかしいが、実はこれは非常に大きな影響力を持っているのだ。

女とことばの問題は日本だけではない――わたしは大きな衝撃を受けました。一九六〇年代後半にドイツに留学し、フェミニズムの台頭《たいとう》を目の当たりにしたわたしは、ドイツの女性は日本の女性よりずっと自立しているとばかり思っていたからです。どうやらこれは思っていたよりずっと厄介な問題らしい……わたしはため息をつき、そんな思いを抱えたまま、ふたたび仕事の日常へと戻っていきました。

それから幾星霜。ドイツの日本文学研究者であるイルメラ・日地谷《ひじや》＝キルシュネライトの論考『性別の美学』を手にしたわたしは、長年澱《おり》のように心に溜まっていた問い「日本にはなぜ女ことばがあるの？」にひとつの答えを見出しました。

『性別の美学』は、日地谷＝キルシュネライトが日本の女性作家たちと対談した記録『〈女流〉放談――昭和を生きた女性作家たち』に収録されたもので、そのなかで彼女は、かつて日本で暮らしたときに味わった困惑について次のように回想しています。

日本に来て日々驚かされたのは、日本社会においては人々の行動規範や自己理解や世界観が当たり前のように性別の違いによって区別され、美学化されている様子であった。

このような日本人独特の意識・価値観を、日地谷＝キルシュネライトは「性別の美学」と名づけました。でも……彼女の困惑はこのときが初めてだったのでしょうか。いや、ずっと以前、日本語を学び始めたときにそれはすでに始まっていました……ほかでもない「女ことば」の存在です。

長い間、なぜ、私は、クラスメートの男子と同じように「腹が減った」とは言えずに、「お腹が空いたわ」と女性用のやわらかい表現を使わなければならないのか、理由がまるで分からなかったのだ。

この論考に触発され、わたしはかつて自分の大きな関心事であり、いまも変わらず使っている女ことばについて、その歴史的背景をも含めてじっくり考えてみたいと思うようになりました。たしかに西洋には日本のような形での女ことばは存在しません。ですから、日地谷＝キルシュネライトの気持ちはとてもよくわかります。けれども、エーアハルトのいうように、女性らしい話し方を強いられるのは日本だけの現象ではないのもまた事実なのです。

本書は、「女ことば」を手がかりに、日ごろ何気なく使っていることばをジェンダー格差の視点から見つめなおそうというものです。さまざまなことばから透けて見える男性優位文化に対する気づきを読者の皆さんと共有することで、わたしたち日本人のなかに深く刷り込まれている「性別の美学」にわずかでも綻びが生じたなら、本書の目的は十二分に達成されたことになります。

目次

第一章

女ことばは「性別の美学」の申し子

世界でもあまり例のないといわれる日本の女ことば。女ことばとはどんなもので、どんなふうに広まっていったのでしょうか。

本章ではまず「性別の美学」を手がかりに、女ことばとはどんなものかについてお話しします。次に、女ことばを産んだ土壌とその歴史的背景、およびそこから生じる日本の女と男の関係性を西洋社会との比較を通してみていきます。

そうすることによって、なぜ日本には女ことばがあるのか、その理由の一端が見えてくると考えるからです。

ドイツ人女性の困惑

一九四八年生まれのイルメラ・日地谷＝キルシュネライトは、日本語を学び始めた当初「男性とは異なる〈女性語・女性用表現〉を使わなければならない理由がまるで分からなかった」と回想しています。

その後、日本で暮らすようになって味わったさまざまな困惑について彼女は、「ごく平凡でつまらない日常の細部」に生じることが多かったと述べています。たとえば、大きさが違うだけで色も形もまったく同じゴム手袋が、スーパーで「男性用」「女性用」と分けられていることです。

本来ならば「性差」とはまるで関係ないはずのゴム手袋が、サイズではなく性的カテゴリーに分類されているという発見は、私にとってはいわゆる「目から鱗《うろこ》が落ちる」体験だった。これは一例で、このような数々の経験を通して、私は、類別カテゴリーというものが、日本の日常における一般的感覚、考察、世界観などにとっていかに重要であるかを徐々に理解していったのである。

日本での経験を通して、日地谷＝キルシュネライトはこの国に女ことばが存在する理由を理解し、やがて次のように思うに至ります。

「性差」というカテゴリーは、やはりここにおいても重要な、いやむしろ決定的とも言える基準であり、日本語を形成している他の重要な特徴である「年齢」や「社会的階級・上下関係」などと比較しても、より絶対的な要素であるといえるかもしれない。

そして、この論考を次のように締めくくります。

当たり前のように男性と女性を区別する発想は、日本の文化の中に深く根を下ろしている。それだけに、男女を区別しようとする発想を克服することは、日本社会にとってはひときわ困難なのではないかと考えずにはいられない。

「当たり前のように男性と女性を区別する日本の発想」は、はたして単なる「区別」に留まるのか。「女と男を差別しているのではない、区別しているだけ」とすりかえられる危険はないのでしょうか。

むろんのこと、日地谷＝キルシュネライトは、この危険を見逃してはいません。

私にとって重要なのは、そのような分類が、社会的価値観とはまったく関係のないものなのかという点にある。

あるいは、このような一種の「美化」は、やはり権力構造の一部として存在しており、それを巧みに隠微する手段としても機能し、ひそかに不平等性を固めてしまう手段でもあるのではないかという疑問である。

しかし……彼女があえてそこに「美学」というポジティブな表現を与えたところに、この問題が一筋縄ではいかないこと、「克服することは日本社会にとってひときわ困難」だと結論づけた理由を見ることができるのです。

女ことばは作られたもの

では、女ことばの特徴とはそもそもどんなものなのか。

一般に女ことばと考えられているのは、次のようなことば遣いです。

・特有の終助詞（「のよ」「わ」「かしら」「わよ」など）を使う
・訛《なま》った母音（「うるせえ」「知らねえ」など）を使わない
・卑語や罵倒語（「尻《ケツ》」「畜生」など）を使わない
・接頭辞「お」をつける（「お砂糖」「お花」など）
・感動詞は「まあ」「あら」など
・敬語をよく使う

女ことばは、古くから伝えられてきた日本の伝統のようにいわれてきました。でも、ほんとうにそうなのでしょうか。この点について、言語学者の中村桃子は次のように語っています（『朝日新聞』二〇二二年一一月二三日）。

いま、私たちが「女言葉」と認識している「だわ」「のよ」といった言葉づかいの起源は、明治時代の女学生の話し言葉です。ただ、当時は正しい日本語とは扱われず「良妻賢母には似合わない」「下品で乱れた言葉」だと、さんざん非難されていたのです。女言葉が正統な日本語に位置づけられたのは、朝鮮半島や台湾などの植民地でとられた同化政策の中でのことです。「女と男で異なる言葉遣いをする」のが日本語のすばらしさであるとされ、多様な言葉づかいの一部だけを「女言葉として語る」ことで、概念が生み出されました。

戦後は日本のプライドを取り戻すため、女言葉はさらに称賛されるようになります。その中で、「女学生のはやり言葉」だったはずが、起源を捏造《ねつぞう》され、「山の手の中流以上の良家のお嬢さまの言葉」だったと喧伝《けんでん》されるようになります。日本女性は丁寧で控えめで、上品だという「女らしさ」と結びつけられ、「女ならば女言葉を使うはずだ」という意識も生まれました。

この話から、世間で女ことばだといわれているものが、日本の伝統ではないどころか、為政者の都合によって推奨され、広まったものだということがわかります。中村によれば、「そのとき、はじめから標準語の定義にかなった女性の言葉だけが取り入れられた」ため、女ことばは標準語だけに存在するのです（『女ことばと日本語』）。

さて、ここで注意すべきは、女ことばが「日本女性は丁寧で控えめで、上品だという〈女らしさ〉と結びつけられ」たという中村の先の指摘です。

となれば、そこに何らかの制約があることは容易に想像できるのではないでしょうか。

では、それはどんなものなのか。

女ことばの制約

「はじめに」でも書いたように、制約というとまず頭に浮かぶのは悪態がつけないことです。悪態がつけないことがなぜ制約になるのか。それは、悪態や乱暴なことばには、不満や怒りを発散する力があるからです。

イギリスの科学者エマ・バーンによれば、全員で下品な隠語を使うチームのほうが、使わないチームよりも労働効率がよく、メンバー同士の結びつきが強く、生産性が高いといいます。こうした傾向は工場から病院の手術室に至るまで、さまざまな労働環境で見られるとか（『悪態の科学』）。

なにもリンゴを食べてはいけないといわれた時代まで遡《さかのぼ》ることはありません。いけない、といわれたら、やりたくなる。そしてこっそりそれをやってみる。そのときに共犯者がいたら仲間意識が生まれるのは自然の流れでしょう。

バーンはこんな報告もしています。氷水に手を入れてどれくらいの間がまんできるかを調べると、悪態をついたときのほうが一・五倍も長く耐えられるというのです。悪態や罵倒語をさけぶことで気が紛れるからでしょう。

悪態といえば、わたしのなかでひとつ変化がありました。かの「カイ、カン」から長い歳月を経て、ようやくすんなり悪態がつけるようになったのです。

相手に直接ぶつけることはないにせよ、テレビに向かって、とくに国会中継を見ているときなど、「そんなことといってる暇にお前がやれよ！」とか「なんだって？　よくもぬけぬけと白《しら》を切るな」とかいったり。普段のおしゃべりでも「こいつ、るっせえ、っていいたくなったのよね」などとフォローしつつ、いわばスパイスとして使っています。

もっとも、昨今では女ことばを話しているのはわたしのような年輩の女性が多く、若い人ほど性差のない「中立語」（男女共通語）を使っているようです。「中立語」世代にとっては、悪態はとっくにタブーではないのでしょう。

次にあげるのはバカリズムの脚本によるドラマ『ブラッシュアップライフ』（二〇二三年）。市役所に勤める平凡な女性近藤麻美（安藤サクラ）が、人生をゼロからやり直す設定のこのドラマで、付き合っている男が実は結婚していることを幼なじみの麻美たちから聞き、怒り心頭に発した玲奈（黒木華）が相手の男に電話する場面です。

「もしもし。どうしたの？　じゃねえよ　てめえ　結婚してんじゃねえかよ。はあ？　じゃねえよ。すっとぼけんな、カス。ネタ上がってんだよ（中略）てめえ　よくも私の大事な時間　むだにしてくれたな　クソが！　いますぐ連絡先消せ」

最高だよ……そばで聞いていた麻美たちは、溜飲を下げて拍手するというわけ。ドラマのセリフはあくまでも作られたものですが、それなりに現実を反映しているものです。現にわたしのまわりでも、喧嘩《けんか》すると双方が男ことばだという、いや、それどころか女性の方が口調がきついというカップルの話を耳にします。

男と同じように悪態をつくことで、わたしたち女はようやく怒りを発散することができるようになったのでしょう。

先ほどはドラマのセリフでしたが、映画監督の西川美和のエッセーにこんな件《くだり》があったのを思い出しました（『朝日新聞』二〇一六年七月二三日）。

仕事が重なって焦っているときにやってきて、カレーを作ってくれるといったはいいが、うまくできないといっていらだつ、当時の恋人とのやりとりです。

『めんどくせえなあもお！』と思わず腹から言葉が転がり出た。しまった、と思った。

けっきょくこの一言が最後通牒となってしまったとか。抑え込んできた本音が出るとき、女ことばは役に立ちません。

女ことばのもうひとつの大きな制約は、命令ができないことです。

人を動かしたいとき、女ことばではお願いしかできません。劇作家の永井愛は、女ことばには命令形はないといっています（『ら抜きの殺意』）。「やめろ！」は命令ですが、「やめて！」はお願いです。これでは相手を従わせるには弱い。たとえば痴漢に遭ったら、女ことばではだめです。断固として撃退しなければなりません。

このように、女ことばは、相手を威嚇《いかく》したり、他人に命令したりすることが得手ではないのはたしかです。ということは、女ことばは、女と男の対等な対話を妨げているのでしょうか。この点については第四章で検討します。

階層を表す働き

女ことばには、階層を表す働きもあります。ここでは、映画のセリフを手がかりにしてみていきます。

女ことばが話し手の育ちや暮らし向きを表している例として、まっさきにわたしの脳裏に浮かぶのは、篠田正浩監督の映画『乾いた花』（一九六四年）です。生の実感を得られず、破滅願望を抱える男と女を非情なタッチで描いた問題作で、反社会的とされ、当時一大センセーションを巻き起こしました。

刑務所から出てきたばかりのやくざ村木（池部良）は、賭場で見かけた若い女冴子（加賀まりこ）に屋台のおでん屋でばったり会い、こう問いかけられます。

「ね、もっと勝負の大きな場所、知らなくて？」
「あって？　そんな場所が」
「お願いできて？」

忽然《こつぜん》と賭場に現れた美しい女という以外、素性はまったくわからない状況にあって、たったこれだけのセリフで冴子という女が富裕層に属することが想像できます。女ことばの終助詞のなかでも、この「て」には独特の非日常性があるからでしょう。「て（てよ）」が、「だわ」や「のよ」のように生き延びなかったわけもそのへんにありそうです。

薄汚いおでん屋で冴子が放つ違和感は、加賀まりこの美しさゆえにいっそう濃くなります。「て」という終助詞は、その違和感と相俟《あいま》って、冴子の抱える底知れぬ虚無を象徴しているようにも思えます。

そのあと、冴子がスポーツカーを乗りまわすシーンや高級ホテルで冴子を取り巻く人々のようすなどから、彼女がたいそう豊かな家の娘らしいということがわかります。おでん屋での女ことばは、いわばその前振りの訳を果たしているといえるでしょう。

たったひとつの語尾が、話し手の立ち位置をこれほど鮮明に示した例を、わたしは他に知りません。

女ことばの「階層を表す働き」を人物造形に巧みに用いた例としては、小津安二郎の一連の作品が思い出されます。たとえば、北鎌倉に住む大学教授の父（笠智衆）とともに暮らす娘紀子（原節子）はこんなふうにしゃべります（『晩春』一九四九年）。

「それじゃお好き?　つながったおたくわん」
「なんにもございませんのよ」
「そのお話、お父さん　知ってらっしゃるの?」

ただし、気の置けない友人相手には、ごくカジュアルな女ことばを使っています。

「何いってんのよ　あんたにそんなことという資格ないわよ」

この作品の舞台になっているのは、比較的裕福な家庭ですが、小津はもっと庶民的な人たちも描いています。たとえば、『お早よう』(一九五九年)では、東京のごく普通のサラリーマン家庭が舞台です。この作品では、同じようなつくりの戸建て住宅に住む、世代のそんなに違わない四人の主婦(杉村春子、三宅邦子、高橋とよ、長岡輝子)の家庭の雰囲気や教育程度などが、ことば遣いによって鮮やかに描き分けられています。

杉村春子は下町風です。

「どうしたのさ。まだお腹悪いのかい」（小学生の息子に）
「まったく厭《いや》んなっちゃうよ。ろくなことありゃしない」（同居している実の母親に）
この母親が自分のことを「おれ」といっているところをみると、東京の出身ではないのでしょう。
三宅邦子は奥様風の女ことばです。
「お風呂すぐお入りんなる？」（笠智衆演ずる夫に）
「そんなこと、あたくし存じませんわ」（杉村に）
杉村も三宅に「誰に遠慮もいりゃしませんわ」といっていますが、これは彼女の「よそゆきの」ことば遣いだと考えるべきでしょう。
いっぽう、高橋とよと長岡輝子は、標準的な女ことばです。
「ねえ　お宅　林さん（三宅）から何か借りてるものない？　あったら早く返し

といたほうがいいわよ」
「あの奥さん、インテリみたいにあたくしなんていってるけど、見かけによらないらしいわよ」（高橋が長岡に）
「そうかしらねえ。やっぱり返しといたほうがいいかしらねえ」（長岡が高橋に）

夫を亡くした秋子（原節子）と娘のアヤ子（司葉子）の愛情を描いた『秋日和』（一九六〇年）では、秋子をはじめ、まわりの中年の女性たちは奥様風の女ことばを話します。秋子の亡き夫を含め、彼女たちの夫はみなそれなりに社会的な地位のある人物だからでしょう。女ことばには、育ちや暮らし向きだけでなく世代の違いも現れます。同じ家庭内でも、娘のアヤ子はカジュアルな女ことばを話しています。このころにはもう、若い世代は「お嬢様ことば」を使わなくなっていたのでしょう。

この作品では、アヤ子の同僚の百合子（岡田茉莉子）のセリフに注目です。百合子は下町のすし屋の娘。行動的、積極的な性格で、終始くだけた口調でしゃべるだけでなく、ときどき男のような口をきいているのです。

「なあんだ、つまんない。最低だな」

「フン、馬鹿にしてらあ」
「畜生、ちょっと羨ましいな！」

アヤ子と百合子のことば遣いの差は、育った環境の違いによるものだけではないように思われます。小津は、百合子を通して「新しい女」の出現をも描こうとしたのではないでしょうか。

日本の伝統ではない

その制約も含め、女ことばの働きについてお話ししてきましたが、ことばだけでなく、ファッションに始まる衣食住すべてがカジュアル化の一途をたどっているいま、女ことばを日本の伝統のように感じる人がいても不思議ではありません。

しかし、先に記したように、女ことばは「日本が古くから保ってきた伝統」ではないのです。江戸時代までは、女と男のことば遣いはあまり変わらなかったといわれています。明治時代に「下品」だとされた女学生のことば遣いが、どのようにして日本の伝統とされるようになったのか、その経緯を中村桃子は、『女ことばと日本語』で丁寧に解き明かしています。

ここで忘れてはならないのは、日本で女性が社会的に差別されるようになったのも、明治時代以降だということです。このふたつは無関係ではないのです。

そもそも古代日本では、男女を厳密には区別していなかったといいます。たとえば、『古事記』では天皇の子は母親ごとに男女一緒の名簿で記載されていました。「男女とも「○○王《みこ》」と記されているため、系譜だけでは男女の判別ができない。父母の血統を受ける点で、御子たちは男女均等な立場にあった」のであり、このことが「多くの女帝の即位を可能にした基本要因のひとつと考えられる」といいます（『性差《ジェンダー》の日本史』）。

女性の地位も決して低くなかったといわれています。卑弥呼のみならず、村や地域の各層に女性の指導者がいたのです。弥生時代後期（一世紀後半）から古墳時代前期（四世紀）にかけて築かれた古墳の三割から五割が女性首長のものだとか。

初の女性天皇である推古天皇をはじめ、女性天皇はこれまでいわれていたような単なる中継ぎの存在ではありません。たとえば、持統天皇は初めての本格的な都である「藤原京」を作っただけでなく、三十年ぶりに遣唐使を派遣して、「日本」という国名を中国の女帝の則天武后に認めさせた人物です（それまでは中国から与えられた「倭国」という名が使われていた）。

奈良時代には、聖武天皇が男女とも等しく奉仕することを求めており、女性も朝廷で働いていました。地方には女性の豪族もいたのです。平安時代には官位を持った女官もいました。中世前期（一二〜一四世紀）には、女性が女房として宮仕えすることが一般的でした。歌人藤原定家も、娘が宮仕えをして出世したことを『明月記』で誇らしげに書き残しています。

武士の世に変わっても、特に鎌倉時代には、女性は独立した財産を持っていただけでなく、分割相続を行う場合には、女性に地頭職が与えられることも珍しくなかったといいます。庶民の女性も男性と同様に財産権を持ち、財産を譲る対象となり、相続した土地を売却する権限を持っていたとか。

一六世紀に来日したポルトガル人宣教師ルイス・フロイスも、日本の女性が西洋の女性よりずっと自由に生きている姿に目を見張っています（『ヨーロッパ文化と日本文化』）。

日本の女性は処女の純潔を少しも重んじない。それを欠いても名誉も失わなければ結婚もできる。

ヨーロッパでは妻は夫の許可が無くては、家から外へ出ない。日本の女性は夫に知らせず、好きな所に行く自由をもっている。

政治学者の中村敏子によれば、江戸時代の女性も財産所有権を持っており、結婚後も自分の財産を自由に使えただけでなく、離婚の権利も持っていたといいます（『女性差別はどう作られてきたか』）

その点で、日本の女性のほうが当時の西洋の女性よりも解放されていたといえるでしょう。西洋では、キリスト教の縛りがあったために、離婚（特に妻側からの）は難しかったうえに、妻には財産所有権がなく、自分の財産も自由にならなかったからです。

このような女性の地位が大きく変わったのは、一八九八（明治三一）年の民法で「家制度」が制定されたことによるものです。その結果、たとえば、一家の財産は戸主である男性ひとりのものになりました。姓についても、それまでは夫婦別姓だったのが、西洋の「夫婦は一体である」との考えに基づいて同姓になりました。

現代において究極の家父長制が支配しているといってよい皇室においても、江戸時代には女帝もいました。女帝が否定され、皇位継承権を男系男子に限ったのは、一八八九（明治二二）年であり、決して古いことではありません。

女ことばも女性差別も、日本の伝統ではないのです。

男社会とホモソーシャル

西洋諸国ではジェンダー格差がいくらか少なくなってきたとはいえ、日本をはじめ、多くの国がいまだ男性優位社会であることは否定できません。その背景にあるのが、「ホモソーシャル」です。ホモソーシャルとは、「性的でない男同士の強い結びつき」のことで、洋の東西を問わず存在します（「ホモソーシャル」は形容詞だが、日本では名詞のように扱われており、本書もそれに従っている）。

あれは一九六七年のイタリアでのことでした。夜ごと男だけが群がるバールの活気にわたしはびっくりしました。ローマはいうにおよばず、どんな田舎にもかならずあるバールでは、男たちが夜な夜な酒をのみながら「女抜き」でカードに、おしゃべりに興じていたのです。

それが「女好き」で知られるイタリアだったこともあって、いっそう強くわたしの心に残ったのでしょう。

その後しばらくして暮らした西ドイツ（当時）の大学町テュービンゲンには、学生団《シュトウデンテン・フエアビンドウング》なるものがありました。一種の学生互助会ともいえる伝統的な組織です。

どの団体も立派な屋敷を構えており、部屋代は安く、食事付き。加入するメリットはそのほかにもいろいろありますが、なんといっても重要なのはＯＢのコネがあるため、就職に有利なことでした。

当時は入団するためには複数の紹介者が必要なだけでなく、フェンシングによる儀式まであリました。昔はどちらかの額から血が流れるまで闘うのが条件だったそうですが（なんだか血判状みたい）、わたしのいたころはすでに、額にサーベルをあてるだけという形式的なものになっていました。

ただし、現在ではそのエリート意識や愛国主義的なところから、入団希望者は減っているようです。ここまでの解説で想像できるように、もちろん女子学生は入れません。女性が足を踏み入れることのできるのはダンスパーティーのときだけで、わたしが招かれたのも何かの記念パーティーだったのを覚えています。

いま思うと、まさにホモソーシャルの牙城とでもいうべきものでした。

日本に戻ってからは、仕事の後、まっすぐ家に帰らずに「女抜きで」仲間と一杯やりたがる男たちの多さに驚きました。そして思ったのです。男たちは、目に見えないなにか、いうなれば「男だ」というだけでつながっている……。

「男たちの特別なつながり」に気づいたことは、わたしのその後の生き方に決定的な影響を与えました。その結果、せっかく希望した職についたものの、組織の中で男たちががっちりと手をつないでいる現実を前に、働き続けるためには、なんらかの専門職としてフリーな立場でやっていくしかないと思い、早々に辞める決心をすることになったのです。

ホモソーシャルはそもそも「女を弾く」ものであり、日本にも、西洋にもあります。それなのになぜ、ホモソーシャルときわめて相性のいいはずの「性別の美学」が、日本と西洋ではまったく異なる現れ方をしたのか。

日地谷＝キルシュネライトのいう「当たり前のように男性と女性を区別する」日本社会では、男女は別々の行動をとることが多いのに対して、西洋では女と男はつねに一緒に行動するのが基本です。しかも、その際「レディーファースト」がマナーとされている……これはいったいどういうことなのでしょうか。

西洋の騎士道とレディーファースト

歴史を振り返ったとき、ホモソーシャルな世界として頭に浮かぶのは、日本では武士道であり、西洋では騎士道ではないでしょうか。愛する女を守るべくさっそうと馬にまたがった騎士は、女性の永遠の憧れということになっています。

中世ヨーロッパにおける騎士の徳目は、キリスト教精神に基づいた「神への献身、異教徒との戦い、弱者（婦女子や孤児など）の保護」だとされていました。こう書くとなんだか素晴らしいことのようですが、「婦女子の保護」の根底にあるのは女性差別であることを忘れてはなりません。

『創世記』によれば、女は男のあばら骨から創られたといいます。つまり女はそもそも「派生」した存在なのです。その後ふたりはエデンの園で暮らしますが、エバは蛇に騙されて禁断の実を食べ、アダムにも食べさせてしまいます。これがかの有名な「原罪」であり、「愚かな」エバがひきおこしたことになっています。神は怒り、エバにこのようにい渡します。

「お前は男を求め、彼はお前を支配する」

つまり「男が女を支配する」ことは、ほかでもない神の命令なのです。「騎士の徳目は女性の保護」というと聞こえがいいのですが、保護と支配には緊密な関係があります。

中世騎士道における女性の保護は、その後「レディーファースト」と名を変え、社交の場でのマナーとして生き残りました。いまから半世紀以上も前に「女に優しい」という噂では極めつけのイタリアに行ったわたしは、むろん、いつでもどこでもレディーファーストを味わいました。

レディーファーストなんぞ男の沽券に拘わるとか、にやけた男のすることだという極東の島ニッポンからやってきた娘には、レディーファーストはまさに目くらましのような働きをしたのです。

けれども、コートを着せかけてもらったり、車のドアを開けてもらったりしているうちにじわじわと違和感を覚えるようになりました。とはいえ、時は移り、欧米でもレディーファーストは当たり前ではなくなったようです。

男が女に車のドアを開けてやるときは、車が新しいか、女が新しいかのどっちか

ウシー・グラス

日本の武士道と「男の美学」

レディーファーストは日本ではまったく受け入れられていませんね。それはなぜでしょう？　自分たちより弱いからという理由で騎士が女性を保護するなら、「女らしさ」にこだわり、「弱い女」をこよなく愛する日本男子にも同じようなことがおきてもよさそうなもの。

それなのに、この国ではまったくそんなことがないばかりか――最近の若い男性は必ずしもそうではありませんが――むしろそんなことをしたら「男らしくない」といわれかねないという不思議。

その理由は、騎士道と武士道の違いにあります。武士という階級が現れたのは平安時代

後期に遡りますが、中世までは主君と武士の関係は契約であり、思想としての武士道が形成されたのは、江戸時代になってからです。

武士道と騎士道には、勇気や名誉を重んじることをはじめ、相通じるところが多々あります。けれども、女性に関する点で、このふたつは天と地ほどに違います。

たとえキリスト教による女性差別が基にあったとはいえ、騎士道においては女性の保護が重要な徳のひとつとされ、それがその後しだいに「貴婦人への愛」へと形を変えていったのに対して、武士道においては、至上の徳は「忠」とされました。

武士にとって、命を賭して主君に忠誠を尽くすことこそが最高の美徳であり、「美学」だったのです。その結果、大儀のためなら、妻も、愛する女も犠牲にする覚悟があるのが武士の鑑《かがみ》とされるようになりました。女を排除する点で、武士道は騎士道とはまさに対極にあるといえます。

両者の価値観の違いは、物語や映画においても明らかです。

いまでも人気の衰えないアレクサンドル・デュマの小説『モンテ・クリスト伯』の主人公エドモン・ダンテスは、勇敢で強いだけでなく、情熱的な恋もするのに対して、吉川英治の小説『宮本武蔵』の武蔵は、愛するお通を振り切って「剣の道」に生きることを選びます。

一時代を築いた東映の任俠映画『昭和残俠伝』シリーズなどでもわかるように、日本の男は「大儀」あるいは「仁義」のためには愛する女も諦め、あるいは捨てていくのであり、それが、「男の美学」であり「カッコいい」とされてきました。

このように日本では「真に男らしい男」は、恋に身を投じないことになっていました。いっぽう西洋では、「真に男らしい男」は恋をしなくてはならない——女と男の関係性において、これが日本と西洋との最大の違いです。

この違いが、それぞれの社会における女と男のありようを形作ったことは、いうまでもありません。

カップル社会と男女棲み分け社会

西洋と日本における女と男のありようの違いとして騎士道と武士道をあげましたが、先に述べたように、両者にはもうひとつ、大きな違いがあります。日本では、男女は別々の行動をとることが多いのに対して、西洋では女と男はカップルとして一緒に行動することです。

その昔、若かったわたしにとってドイツ人のカップルはあこがれでした。わたしが大好きだった先生は新婚で、おしゃれですてきな奥さんがいました。彼女はバルザックに関する博士論文を執筆中で（それにしても、すてきな人はなぜフランス文学なの？　ドイツ文学じゃないの？）、ほんとうにお似合いのカップルでした。

　妻の新しいスカーフを見ると、彼はにっこりしてこういっていましたっけ。

「素敵だね、そのスカーフ」

「ありがとう、あなたのネクタイもいいわ」

　ああ……。わたしは思ったものです。日本の夫婦とまるで違うじゃないの。わたしもいつかこんな結婚がしたい。日本じゃ結婚してしまうと、「お父さん、お母さん」になっちゃうんだもの。

　それから八年たって、わたしはふたたびドイツに留学し、同じ光景に出くわしました。結婚した友人の家に泊まりに行った翌朝、朝食のテーブルでなじみのある会話がくり広げられたのです。

「おはよう、今日もきれいだね」

「あなたもすてきよ」

　会話は変わらない。けれども、聞いているわたしのほうが変わっていた。思わず心のなかでつぶやいていたのです――お疲れさまあ（このときまだ三十代はじめだったことを思うと、わたしのオバサン化はかなり早かったというべきか）。

西洋はキリスト教社会であり、『創世記』には、神はアダムに続いてエバを創り、こうして「男は父母を離れて女と結ばれ、二人は一体となる」と記されています。これはキリスト教社会の基本単位が、女と男のカップルであることを示しています。女と男が一対で行動することが基本になっている西洋の文化は、ここから発しているといっていいでしょう。

傍《はた》からみると、男女がいつも一緒で、しかも男性が女性をエスコートする社会は、なんだか進んでいるように思える……つまり、対等な関係のように見えるかもしれません。事実、昔は日本の女性のなかにも憧れる人が少なくなかったような記憶があります。いや、かくいうわたしだって、先に記したように初めてヨーロッパへ行ったときには、彼らをすてきだなと思ったものでした。

プライベートな場だけでなく重要なセレモニーにおいても、男女が行動をともにすることもあって、西洋では女性差別がカムフラージュされてきたといえます。この点で、カップル社会とレディーファーストには共通点があるのです。

でも、カップルで行動する社会って、考えようによってはけっこう不自由なものではないでしょうか。いつでもどこでもカップル単位で人とつきあうって、どうなんでしょう？ それに、自分のパートナーの友達と気が合うとは限りません。話題も、表面的になりがちではないでしょうか。わたしは大事な友とはサシで話したい。

西洋では、カップルでない、パートナーのいない人間は文字通り「半端」になってしまいます。たとえば離婚や死別でひとりになると、それまで親しくしていても、家庭での夕食に呼ばれなくなったりします。大げさにいえば、社交生活から弾かれてしまうのですね。このあたり、けっこう残酷なものだという気がします。ひとりになるとみな、必死で相手を探そうとするのはひとつにはこのためです。

ただし、どこへ行くにもカップルが基本とはいえ、サッカーが始まると置いてけぼりを食う妻を指す「サッカー寡婦」なることばがあるように、西洋にも男たちだけで集まる場はあります。なにしろ基本的にホモソーシャルの世界なのですから。先にお話ししたように、わたしがはじめて「男たちの密なつながり」に気づいたのも、イタリアのバールでした。

そこへいくと日本はほんとに自由です。昔から「亭主達者で留守がいい」というように、日本は女と男が別々に行動する国なのです。日曜日は夫はゴルフ、妻は女友達とランチや映画、なんてことはざら。夫は家で「お留守番」という場合もあり。いや、それどころか妻が夫を残して女友達と旅行に行くことも珍しくありません。

ずいぶん前のことですが、翻訳を担当したドイツ人作家が来日して、二日ほど案内したときのこと。歌舞伎座やデパート、レストラン、どこもかしこも女性ばかりなのを見て目を丸くした彼は、「日本の男性はいったいどこへ行ったんですか？」とわたしに尋ねたものでした。

西洋諸国が「カップル社会」なら、日本はさしずめ「男女棲み分け社会」といえるでしょう。けれども根底にある考えは同じです。どちらにも「女は愚かで弱い」という大前提があり、それが西洋では「だから、俺のそばを離れるな」となり、日本では「だから、ひっこんでろ」となっただけのこと。

家族という運命共同体

日本でも、結婚する前はひとりの女と男としてそれなりに密な付き合いがあるでしょう。このあたりは結婚が家と家の結びつきだった時代とは大きく様変わりしました。

ところが、結婚したとたん、「家族という運命共同体」の一員として組み入れられることがいまだに多いといえます。この点については、二〇一六年のカンヌ映画祭で審査員賞を獲得した映画『淵に立つ』の深田晃司監督が的確に語っています（『朝日新聞』二〇一六年一〇月一九日）。

深田監督は、欧州の記者から「日本映画に家族の話が多いのはなぜだ」と質問され、目を開かれたという。「欧州では家族である前にまずカップルの話になる、というんです。確かに日本では、どんな大恋愛で結婚しても、夫は父親、妻は母親という役割に収まろうとする。良くも悪くも今も家族という制度に縛られている」

このように、日本では結婚すると、多くの人々が共同生活者へとその在り方を変えていきます。それぞれが家庭内での役割を果たし、ともに過ごす時間は決して多くありません。その背景には、日本が男女棲み分け社会だという事実があります。

すでに述べたように、わたしは西洋のカップル社会を無条件に良いと考えるものではありません。日本のように男女が別々に行動するのも悪くないと思っています。とくに女同士の友情を育むうえでは。というのは、カップル社会とはいっても、先に述べたように、西洋では男同士の場はそれなりにあるだけでなく、男同士のつきあいに女が同席することの方が多いからです。

そうはいっても、人生を共にすると決めたふたりが、給料運搬人と家政担当人としてバラバラに、とまではいわずとも、しっかりと向き合わずに生きていくのは、やはり残念なことだと思うのです。

漱石『行人』の先進性

わたしの両親は恋愛結婚でしたが、よく喧嘩をしていました。あれは小学五年生のころでしたか、夫婦仲の良い近所のＦ家がうらやましかったわたしは、ある日、母にこぼしました。

「なんでうちは喧嘩が多いの？　よそのうちじゃ、そんなに喧嘩してないと思う。Ｆさんちなんか、おじさんとおばさん、すごく仲がいいのに」

そのとき母がなんといったか。

「そうね、確かにＦさんちは仲がいいわね。でもね、うちで喧嘩になっちゃうのは、お母さんとお父さんがきちんと向き合っているからなの。Ｆさんのお母さんとお父さんはね、きっと自分が誰と結婚しているのか知らないわよ」

自分が誰と結婚しているのか知らない——母のこのことばは幼いわたしの脳裏に刻み込まれました。それから長い月日を経て……わたしは、なんと百年前の日本文学に「自分が誰と結婚しているのか知ろうとした男」が登場していたことに気がついたのです。

その男とは、夏目漱石『行人《こうじん》』の主人公長野一郎です。一郎は、「現在自分の眼前に居て、最も親しかるべき筈《はず》の人（妻）」の心がわからないために死ぬほど苦しみ、弟の二郎に詩人メレジスのことばを引いてその気持ちを訴えます。

「自分は女の容貌に満足する人を見ると羨ましい。女の肉に満足する人を見ても羨ましい。自分はどうあっても女の霊というか魂というか、所謂《いわゆる》スピリットを攫《つか》まなければ満足が出来ない」

『行人』が書かれたのは一九一二～一三（大正元～二）年。日本女子大学の創立者である成瀬仁蔵が、大学を創立するにあたって「婦人と言えども人である」と説いた時代に、漱石は妻の心が那辺にあるかについて悩む男を描いた。この作品の新しさはまさにここにあります。

女と真剣に向き合った男なら、他の日本文学にも描かれているという意見があるかもしれません。けれどもそういう男はみな、独身です。この国ではたとえおたがいが向き合ったところで、所詮結婚する前のこと。結婚してしまえば「性別の美学」にしたがって、それぞれが別々に生活していくのです。

『草枕』の那美、『虞美人草』の藤尾、『三四郎』の美禰子《みねこ》が「新しい女」だとするなら、一郎は「新しい男」だといってよく、『行人』には漱石の圧倒的な先進性と、彼のなかで英文学という西洋の文化が血肉となっていたことが感じられます。

『行人』ではまだ「相手と向き合おうとする」のは夫だけです。妻の直には、その欲求すら芽生えていない。しかし、その後漱石は、何が何でも夫と向き合おうとする女（『明暗』のお延）を登場させました。

ここに至って、わが国ではじめて「自分が誰と結婚しているのか、知ろうとする」女と男が描かれたといえます。それが百年以上も前であること、現代にあってもけっして多くはないこと、しかもホモソーシャルだだ洩《も》れの『坊っちゃん』や『こころ』の作者の手になるものであることを思うと、めまいを覚えます。

第二章

人称と性

性差がことばに表れているといえば、日本語にはもうひとつ重要なものがあります。それはバイナリーな一人称。

バイナリーとは、人間を生物的に女と男の二つに振り分ける立場のことで、日本語の一人称は「わたし（わたくし）」を除けば、性別による使い分けがはっきりしています。

これは日本語の大きな特徴です。

日本語に人称代名詞はない

ご存じのように、英語では話し手を指す「I」は一人称代名詞、相手を指すのは二人称代名詞「you」、それ以外の人を指すのは三人称代名詞「she, he」です。

では、日本語の「わたし」や「あなた」「彼女・彼」は？

結論からいえば、日本語には英語のような人称代名詞はありません。文法というより、翻訳をしてきた者としての実感からわたしはこう思うようになりました。

では「わたし」や「あなた」「彼女・彼」は何なのか――名詞です。

「I」や「you」などの人称代名詞には形容詞がつかないことを思い出してください。でも、日本語なら「のんきなわたし」や「すてきなあなた」「元気な彼女」といえるでしょう？

なぜって、名詞だから。これらが人称代名詞とされているのは、英語の文法をそのまま日本語にあてはめたからにほかなりません。

ご存じのように、一人称がひとつしかない西洋語とは違って、日本語には自分を表すことばはそりゃもうたくさんあります。ちょっと考えただけでも「わたし（あたし）」「わたくし」「僕」「俺」「われ」「自分」「小生」などがあり、古いものには「吾輩」「拙者」「それがし」「あっし」「わし」など、びっくりするほどたくさん。

しかし……。よくみてください。ほとんどが男の一人称ですよね。このなかで女が使えるのは「わたし」「あたし」「わたくし」くらい。しかもこれらはそれぞれ「わたし」の変種（くだけた形と丁寧な形）にすぎないことを考えると、女の一人称はひとつしかないといってもいい過ぎではありません。しかも、女性専用ではないのです。

なぜそうなったのか。正確なことはわかりませんが、女にとって自分を主張する機会が少なかったことと無関係ではないと考えるのが自然ではないでしょうか。

しかし、問題はそれだけではありません。

一人称がバイナリーな日本語は、物心つくかつかないうちに自分の性を意識させられる、それなしには口をきくこともままならないことばだということです。そう、日本語にはそういう暴力的な側面があるのです。そのことがひいては「女らしさ」「男らしさ」の呪縛へと導くことはいうまでもありません。

日本語の一人称がたくさんあることは知っていても、バイナリーであること、しかもそのほとんどが男を意味するという点できわめて特殊であることを意識している人は、あまり多くないのではないでしょうか。

一人称がバイナリーであることはまた、性的少数者にとっては切実な問題にもなりえます。

トランスジェンダー男子の遠藤まめたは、小学生になって作文を書いたとき、先生に「男子は『ぼく』女子は『わたし』と書きましょう」といわれたときの葛藤を綴っています（『オレは絶対にワタシじゃない』）。

大人になった今でこそ「私」は、男女問わず使える一人称だけれど、小学生にとっての「わたし」は「女の記号」でしかない。

そんな一人称で文章を書くだなんて、屈辱的に思えた。原稿用紙を前にして、鉛筆の尻をガリガリ噛みながら、国語の時間をやり過ごす。

「おれは絶対に、わたしじゃねーよ」

日本語には一人称が無数にある

日本語の一人称がいくつもあるのは、よくいわれるように「自己＝自我」が絶対的なものであり、すべてに先行する西洋人とは違い、日本人の「自己」は、社会や人間関係のしがらみぬきではありえず、あくまでも相対的なものだから。しかも、常になんらかの上下関係に基づいているからです。

その結果、たとえば友達とは「俺」、恋人には「僕」、会議では「わたし」などというように、相手や状況との関係性によって使う一人称が違ってきます。

そのほか、普通名詞も一人称として使えます。たとえば母親が子どもに自分のことを「お母さん」といったり、教師が生徒に「先生は」といったりするように。

こうなるともう、日本語の一人称は数えきれないほどあるといってよいでしょう。そのうちのどれを使うかは、時と場所、相手だけが決め手ではありません。話し手の自意識も関わってきます。どのような自分でありたいか、あるいは自分をどのように見せたいかによっても変わってくるのです。

最近読んだ、宇佐見りんのデビュー作『かか』は一人称小説です。一九歳の女性である語り手について、著者は、まず「私」で書いてみたといっています（「Web河出」二〇一九年一一月一五日）。

でもそうすると、どうしても人物が幼くならなくて。幼くしたいというよりは、この物語で触れたかった感情の一番深いところに潜るには、未熟な精神性が必要であったというか。普通に「私は」と書いていると大人びてしまって、書きたいところよりも浅いところまでしかいけない感覚でした。肉声という感じにならなかったんです。（中略）それで、「うーちゃん」で書いてみたら、「ああ、これだ」という感じで書き進められました。

このように日本語では固有名詞も一人称になります。「うーちゃん」が成功したのは、ひとつには若い女性だから。さらにはこの作品が家族間の話だからでしょう。著者もいっているように、自分のことを名前や愛称で呼ぶのは一般には幼さ、甘えの表れであり、自分をまだ客観視できないためだといえます。

それが女の子に多く、男の子に少ない理由は――もちろん男の子もうんと幼いときには「まーくんが」などの言い方をしますが――男の子のほうが精神的な成長が早いからではなく、社会的な要請によるものです。「（女の子は甘えん坊でもいいけど）男の子なんだからもうそういう言い方はやめなさい」と人生の早い時期にいわれますからね。

これは「ママ・パパ」という呼び方とも共通しています。親をママ・パパと呼ぶ成人女性は想像がつきますが、成人男性の場合は、からかわれるのがオチでしょう。

ここで、一人称を使い分けることについて述べた興味深い投書をご紹介しましょう（『朝日新聞』二〇二二年三月八日）。


「私」「僕」「俺」男の一人称　　大学生　上野暖登《はると》（京都府、21）

世の中の男性は、三種類の一人称を使い分けているのではないだろうか。仕事などの公的な場では「私」。少しくだけて適度な距離で話す時は「僕」。恋人や友人と話す時は「俺」というように。

どの一人称を使うかによって、振る舞い方や口調も大きく変わる。「私」を使っている時は、必ず他者の目がある。周りを意識しながら話すので丁寧になる。しかし、「俺」を使う時、男は自分を大きく見せようとし、横柄に振る舞い、男性性を振りかざす。男は「俺」を使う時、〈男〉になるのである。

女性はどんな時も、他者の目を意識する「私」を使う。私は「俺」が昔から好きでなかったが、小学生の頃、そう言わないのはダサいと周りから言われ、使い始めた。

友達や家族の前でも「私」を使ってみようかと考えている。俺＝〈男〉に侵食される前の、本当の自分を取り戻すためにだ。

「俺＝〈男〉に侵食される前の、本当の自分を取り戻すため」というところに、投稿者の新鮮な感覚が表れています。ただし、「女性はどんな時も、他者の目を意識する」から「『私』を使う」のではありません。ほかにないからです。

「僕っ娘《こ》」はなぜ現れた

自分を僕という女の子、いわゆる「僕っ娘《こ》」が現れてからすでに長い年月が経っています（「俺」や「うち」という子もいるが、ここでは「僕」に絞る）。自分のことを「僕」というわけは主として二つあるように思います。

ひとつは女らしさの規範から脱して「男の子のように生きたい」という気持ち、もうひとつは「少女」から「女」への移行に対する恐れやためらいです。もっとも、この二つは厳密に分けられるものではなく、多くの場合分かちがたく結びついているといえます。

ここには、日本語の一人称がバイナリーであることが大きく関わっているのはいうまでもありません。

女の子の一人称をキーワードにした小説といえば、何をおいても松村栄子『僕はかぐや姫』（一九九〇年、海燕新人文学賞受賞）をあげないわけにはいきません。

『僕はかぐや姫』は、地方の女子高に通う一七歳の「僕っ娘」千田裕生《ちだひろみ》が〈僕〉を捨て、〈わたし〉という一人称を手に入れるまでを描いたものです。作者が主人公の名を男女共通の「ひろみ」にしているだけでなく「裕生」という、男性を思わせる漢字を選んだことは、むろん偶然ではないでしょう。

裕生の通う女子高には、ほかにも何人もの〈僕〉がいました。押しつけられた性から逃れようともがく裕生にとって〈僕〉は「防波堤」です。ひそかに思いを寄せる同級生綾香から「どうして千田さんって自分のこと〈僕〉っていうの？」と尋ねられて裕生はいいます。

「産んでと頼んだわけじゃないのに生まれてきて、生きるって決めたわけじゃないのに、人間として生きることさえ選択してもいないのに、女性として生きるって決めつけられて何の選択権もないなんて、とても理不尽な話だって昔思ったんじゃないかな。『ちょっと待って』って言いたかった。だから、男の子になりたいかどうかはともかく、とりあえず女の子ってことはこっちにおいといてって」

「女の子ってことはこっちにおいておくと、どうして〈僕〉になるの?」

追及された裕生はとまどいます。

「……さあ。だって、日本語には男女共通の〈I〉ってないじゃない」

「〈わたし〉は?」

「おとなはともかく、僕らの年齢で男の子が〈わたし〉なんて言う?」

「言わないね」

短期間つきあっただけで別れた男子高校生の藤井から、裕生は思いがけず誕生日プレゼントを贈られます。それは裕生が好きだといっていた『かぐや姫』の絵本でした。

「かぐや姫って結局、男のものになんないのな」

藤井はこういい残して去っていきます。

そのことばに、裕生はかぐや姫が好きだという自分の中にある「男のものになる」ことへの恐れに気づき、その「具体性」はいたく彼女の自尊心を傷つけます。また、藤井というとき、裕生は〈僕〉を発しないだけではありません。女ことばも使っています。他に好きな人ができたのか、ひょっとして女の子か、と尋ねる藤井に裕生はいいます。

「あのね、男とか女とかじゃないと思うのよね。（中略）つまりね、地球上に四十億人の人間がいるとするじゃない？　恋人は四十億人の中から選ばれるの」

日ごろ、自分が女の子であることは「こっちにおいといて」生きているはずなのに、好意を抱いていた男の前では「おいとけない」。裕生は、自分が女であることをいやおうなしに意識させられるのです。

同時に自分が憧れていた男の子像にも疑いを抱き始めます――「藤井君見ているとわからなくなる……」「違うんだもん……なんか思い描いていた男の子と」

この思いは、近くの男子校との交流を通してますます強くなり、裕生は自分が考えていた、少年のもつ「性以前の透明な人間性」は幻想にすぎないことを悟るに至ります。その葛藤と失望を経て、彼女は次第に自分の中に力強い主体的な〈僕〉もいることを自覚し、ただただ女を否定し拒絶するのではなく、いわばその統合としての人格を受け入れるようになるので（このあたり、のちに記す〈モザイク脳〉を思わせて、非常に興味深いものがある）。物語の最後で、裕生は両性が共有している一人称〈わたし〉を選びとる決意をします。けれどもこの〈わたし〉は、女でも男でもない。裕生に本来備わっている女性性と男性性を共に持っている〈わたし〉です。彼女の名である〈ひろみ〉のように、女も男も使える一人称としての「わたし」なのであって、けっして「あたし」ではない。

裕生は当たり前のように〈わたし〉と小さく呟いてみる。〈あたし〉にならないように唇を触れ合わせて〈わたし〉と。それはなんだか透明に思えた。〈僕〉よりはずっと澄んだ、硬質な響きに思えた。毅然として見えた。

わたし個人についていえば、あるときから意識的に「あたし」というのを避けるようになりました。男性も使える「わたし」とは違い、「あたし」には、「湿り気」や「女っぽさ」がある。そんな気がしたからです。「あたし」が、内心の声、本音をもらすときによく使われるのも、生身の自分に近いからでしょう。

女性の一人称語りの作品で、著者や翻訳者が地の文はわたし（私）でも、内心の呟き（怒りや本音）のときには「あたし」とすることがよくあるのはそのためです。

吐く息のように出る音、それが「あ」です。でも、「わ」は違う。わずかとはいえ、意識しなければなりません。そのためにいくらか改まった感じになる。その結果、自分との間に距離が生まれるように思います。

ですから、裕生が「あたし」にならないように唇を触れ合わせる気持ちが、わ、た、し、には痛いほどわかるのです。

翻訳からこぼれ落ちるもの

ある作品が翻訳可能かどうかは一概にはいえませんが、『僕はかぐや姫』が非常に翻訳しにくいことは間違いありません。なにしろ日本語に特有な「バイナリーな一人称」をめぐる話なのですから。

けれども、難しさはテーマそのものにもあります。というのも、キーとなる「少女から女になるためらいや恐れ」は、西洋諸国においては共感されにくいからです。

ここでやはり日本と西洋の性に対する感性の根本的な違いを思わずにはいられません。一般に西洋の女性は、早く一人前の女に見られたい、セクシーだと思われたいという気持ちが強いといえます。

一九六七年にイタリアで目にした光景を思い出します。たまたまローマ郊外の中学を訪れたわたしは、トイレで女子中学生を見てびっくりしました。どの子も鏡に向かってせっせとアイシャドーを塗っていたからです。流し目を練習しあっていた子たちもいました。また、学年でトップの成績だったある女子高校生は、毎朝学校へ行くときになんとかして谷間をのぞかせようと、胸をはだけては母親に直されていましたっけ。

イタリアに限らずドイツでも、わたしはもう子どもじゃない、女として見てほしい——そういう気持ちを若い女の子たちに感じたものです。

女と男が早くから性的な存在である西洋では、当然ながら裕生のような少女の存在自体が理解されにくい。そこにこの作品を翻訳する難しさがあります。

近年日本文学は続々と翻訳されるようになり、村田沙耶香『コンビニ人間』は約三十の言語に訳されたといいます。村上春樹についてはいまさらいうまでもありませんが、小川洋子や多和田葉子、川上未映子など、海外でも注目される作家は増えるいっぽうです。

一九六〇年代のドイツの書店でわたしが見つけた日本文学といえば、三島由紀夫に川端康成、谷崎潤一郎、井上靖、安部公房しか思い出せず、しかもその大半は英語からの重訳だったことを思うと、まさに隔世の感を禁じえません。

このように日本文学が世界で広く読まれるようになったこと自体は、むろんとても喜ばしい。しかし、気になるのは翻訳するにあたってどうしても翻訳しやすいもの、異文化の人々にも理解しやすいものが優先されてしまいがちなことです。世界が狭くなったいま、国境を越えて共感を呼ぶ作品が求められることもまた自然でしょう。けれども、世界のどこででも通用する普遍性をもつことがはたして無条件にいいのか。

水村美苗は『日本語が亡びるとき』で、「どのような文学が英語に翻訳されるかというとき、主題からいっても、言葉の使い方からいっても、英語に翻訳されやすいものが自然に選ばれてしま」い、「世界を解釈するにあたって、英語という言葉でもって理解できる〈真実〉のみが、唯一の〈真実〉となってしまっている」ことに警鐘を鳴らしています。『僕はかぐや姫』のような作品こそ、もっと翻訳されてしかるべきではないでしょうか。なぜなら、西洋社会にはあまりみられない、日本ならではの少女の感性や価値観を描いているから。ここに翻訳という行為の原点があるからです。

六十年前の「僕っ娘」

その人がわたしの人生に登場したのは一三歳の春のこと。わたしは中学二年生になったばかりでした。当時（六十年以上も前）わたしのまわりには自分を「僕」という女の子はもちろんいませんでした。でも、「僕っ娘」はやはりいたのです！

定期購読していた学研の『中学二年コース』が懸賞小説を募集し、その入選作に感激したわたしは東北地方に住む作者Yさんに手紙を出しました。すぐに返事が来ました。どの字もてんでに勝手な方向を向いているといわれていたわたしとは違って、中学生とは思えない達筆で認《したた》められた手紙にはこうありました。

「わたしを男の子だと思ってお手紙くださる方もいるんですよ。名前が男女共通なうえに主人公を〈僕〉にしたものですから」

実はわたしもYさんを男子だと思っていました。けれども、女子だとわかったとたん――そのころは僕っ娘という概念はまったくなかったにもかかわらず――心のどこかで腑に落ちている自分がいた……。おそらく「僕は笑いながら隠れた」に始まるこの短編の書き手に、自分に近い何かを感じていたからだと思います。

しばらくしてYさんから詩が届きました。一四歳になることに対する心の揺らぎを綴ったもので、その鋭い感性に胸を突かれたのを覚えています。

のちにドイツで暮らすようになり、ドイツでは一四歳になると一種の通過儀礼（堅信礼やユーゲントヴァイエ（die Jugendweihe）。前者はキリスト教徒、後者はそれ以外の子どもが対象で、成人式とは別）を行うことや、それまでとは二人称が変わること（日本語でいえば、おまえとかあんたとかいっていたのを、あなたにするというようなもの）を知って、一四歳とはやはり大人への最初の階段をあがることだとあらためて思ったものでした。

その年の夏休み、「大人になりたくない女の子」を主人公に短い物語を書きました。いま思うと噴飯物のこの話について到底ここに記す気にはなれませんが、ひとつだけ、忘れがたいことがあります。それは主人公の女の子の名前を「しげる」にしたこと。

なぜあんなにも必死になって女の子らしい名前を避けようとしたのか——「恵」や「晶」のようにすでに男女共通とされている名前じゃつまらない。かといって、「茂」や「繁」だとどうみても男の子だ。なら、「しげる」にすればギリギリ行けるかな、と、深夜ベランダでひとり呻吟《しんぎん》した夏休み。あのときの、自分でも首をかしげてしまうような奮闘を思い出したわたしは、自分のなかにも「僕っ娘」が眠っていたことを発見したのです。

一九五〇年代のふたりの女子中学生。ひとりは福島で〈僕〉を主人公に小説を書き、もうひとりは東京で女にも男にも使える名前はないかと、ない知恵を絞ったのでした（Yさんとの文通はそれから四年ほど続いたが、いつとはなしに途切れてしまった）。

『僕はかぐや姫』は、わたしを一気に「しげる」時代にひきもどしました。三十年も前に書かれた作品でありながら、少しも同時代性とみずみずしさを失っていないこの物語は、そのさらに三十年前の少女のわたしにとっても同時代の作品なのです。

『僕はかぐや姫』はまた、わたしに大切なことを気づかせてくれました。それは自分が必ずしも男の子になりたかったわけではないということ。「女らしさ」の規範に従う、というより従わせられることがわたしは嫌だった。だから男の子に憧れたのです。

裕生も女になっていくのが嫌だった。かといって男の子になりたかったのではなく、「もっと毅然とした固有の一人称」が、「性以前の透明な人間性」が欲しかった。そして「僕」を装うことでそれに近づけるような気がした――そうだ、そうだったんだ、とわたしはひとりごちました。

『若草物語』のジョー

先に、「僕っ娘」のなかには「男の子のように生きたい」気持ちもあると申しました。オルコット『若草物語』に登場するジョーは、潜在的「僕っ娘」の女の子にとって、永遠のロールモデルだといえるでしょう。

『若草物語』は、南北戦争時代の四人姉妹の物語。一六歳の長女メグことマーガレット、一五歳の次女ジョーことジョゼフィン、一三歳の三女ベスことエリザベス、一二歳の四女エイミーの織りなす人間模様です。

子どものころ『若草物語』に夢中になった女の子は多いはず。わたしにとっても『若草物語』は、なかでもジョーは、特別な思い入れのある存在です。遊びだって運動だって男の子のようにやりたい。どうして男の子に生まれなかったのかしらとふくれるジョー。

そんな彼女に作者オルコットは、せめて愛称だけでもと思ったのか、姉妹の中で唯一両性に共通の愛称「ジョー」を与えました。共通の一人称をもつ英語を母語にしているジョーには、裕生のような悩みはないでしょう。でも、もしジョーが日本の女の子だったら、「僕」といっていたのでは？

ジョーは単に男の子のように自由にふるまいたかっただけではありません。女性の幸せは結婚とされていた時代にあって、作家になりたい、そして自立したいと願っていました。

わたしにとって、ジョーの魅力は次のエピソードにつきます。

となりの金持坊ちゃんローリーはジョーが好き。けれどもジョーのほうは、いい人だとは思いながらも、ローリーにいまひとつ物足りなさを感じています。そんなある日、四姉妹や友人たちとピクニックに出かけたローリーはゲームにことよせてジョーに尋ねます。

「欲しいものはなに？」

ジョーの家は裕福ではありません。ローリーは善意で力になりたいと思っているのですが、ジョーは常日ごろから「憐れまれるのはいや」と、かすかな反発を覚えていました。

そしてこういうのです。

「靴の紐」

「ジョーさん、本当のことをおっしゃい」

ローリーは少しいらつきます。するとジョーはすまして返します。

「才能よ。ローリーさん、あなた、それもわたしに下さるというおつもり？」


ジョーみたいになりたい――わたしは胸を熱くしたものでした。やさしい母親と、仲のいい四人姉妹の温かな家庭を描いたこの作品は、良妻賢母を理想としているようにいわれることが多いのですが、母のマーチ夫人が娘たちに願っているのは、女としてという以前に、ひとりの人間として成長してほしいということなのです。

結婚しなくてはいけないのかと問う娘に、マーチ夫人はいいます。

「愛する人と出会って結婚し、幸せな家庭を築くことができれば、それがいちばん幸せです。でも、もしそういう人が見つからなければ、無理に結婚することはありません」

「女は結婚して一人前」という考えが現代とは比べものにならないくらい力を持っていた時代に、娘にここまではっきりいえる母親はまれです。

いまに至るまで読み継がれている欧米の少女小説の系譜が、このジョーを主役とする物語から始まったのは単なる偶然ではないでしょう。

『若草物語』は、子どものわたしに結婚のもつ一面を教えてくれた作品でもあります。ジョーに求婚して断られたローリーは、ヨーロッパで偶然再会した末娘のエイミーと結婚しますが、帰国したエイミーを見たメグは、自分のドレスが流行遅れなのに気がつきます（原文は〈パリ風でない〉）。当時のわたしにはすぐには意味がわかりませんでした。なぜわざわざこんなことを書いたのかな？　ややあって、これはメグとエイミーの結婚相手の経済力の差をいっているのだと気がつきました。富裕なローリーとは違い、メグの夫は薄給の書記だからです。

そのとき受けた大きな衝撃を、いまでもまざまざと思い出すことができます。女は自分の力の及ばないところで物事が決まる――わたしは心底打ちのめされ、結婚とはそういうものなのかと思い知ったのでした――わたしのなかに「欲しいものは自分で手に入れる、自分の力の及ばないものは望まない」が生まれた瞬間でした。

西洋語の人称代名詞

西洋語の一人称がひとつなのは、いかなるときも自己はゆるぎない不変の存在としてあり続けることが根底にあるからでしょう。西洋における自己とは、社会的な立場はむろん、性別すら吹き飛ばしてしまうほどの絶対的なものなのですね。

この、「絶対的」であることが、日本語の一人称との決定的な違いです。先に述べたように、日本語の「わたし」はいつだって「相対的」な自己を指しているからです。ところで、西洋人にとって一人称がひとつしかないことはまったく問題がないのでしょうか。

半世紀以上も前のこと。ドイツで暮らして半年ほどたったある晩、遠距離恋愛で悩んでいた友人のモニカがいいました。

「だから、自分にいったのよね、わたし。『モニカ、あなた（du）もっとしっかりしなくちゃ』って」

このときはじめてわたしは、ドイツ語では自分のことをいうのに二人称を使う場合があることを知ったのでした（英語も同じ）。自分に対する戒めや激励、いうなれば「わたしは○○であるべき」と感じたときには、自分を他者としてながめて言い聞かせるのだ、と。

二〇二一年の京都文学賞を受賞したグレゴリー・ケズナジャット『鴨川ランナー』の主人公は「きみ」。アメリカから京都に来て働く、著者と思しきアメリカ人青年の葛藤や違和感を情感豊かに綴ったこの作品の「きみ」は、限りなく一人称に近い。つまり、「もうひとつの一人称」なのだ――わたしのこの考えは、著者本人のことばで裏書きされました。「英語の場合は、日常会話にも出てくるが、自分の一部として認めたくないときとか自分と距離を置きたいときに（自分を指す）二人称を使うことがあるので、それを日本語でやってみたらどうかと思った」（刊行記念オンラインイベント）と説明していたからです。

このような二人称が日本の小説にみられないわけではありません。読売文学賞を受賞した島田雅彦の自伝的作品、『君が異端だった頃』（二〇一九年）でも主人公は「君」です。この本の最後で、著者は自分を「君」と呼んだ理由を「一人称で書く恥ずかしさには耐えられず」と記しています。

本来の人称から外れた使い方といえば、オーストリア生まれの映画スター、ロミー・シュナイダーを思い出します。彼女の伝記（ミヒャエル・ユルクス『ロミー・シュナイダー事件』）を訳したとき、風変わりな表現があったのが印象に残りました。早世したこともあり、ロミーをご存じない方もいると思いますが、『恋ひとすじに』（一九五八年）で共演したアラン・ドロンと恋に落ち、彼を追ってフランスへ移ったあとはフランスで圧倒的な人気を誇ったスターです。

別れた夫の母にあてた怒りに満ちた手紙の中で、ロミーは自分のことをフルネームや三人称で記しています——ロミー・シュナイダーは気がかりなのです。いま彼女は「敵に囲まれている」と感じています……（傍点引用者）。

こうすることでロミーは、自分の生の感情をぶつけまいとしたのでしょう。

バイナリーな三人称単数代名詞

ご存じのように英語をはじめとする西洋語では、三人称単数代名詞はバイナリーであり、いちいち性を特定しなければなりません。このため、ノンバイナリーな性自認の人を指す三人称単数代名詞として、英語では「they」を使う動きが広がっています。動詞はそのまま「are」です。

文法的におかしいと感じる人もいるかもしれませんが、二人称の「you」も単数複数ともに動詞は「are」ですね。

ドイツでは、二〇一九年から公的な身分証明記録の性別欄に「多様」や「その他」を意味する第三の性「Divers《ディヴェルス》」を選択できるようになりました。この新しい人称代名詞を日本語ではどう訳すか……しばらくは試行錯誤が続きそうです。

そこへいくと日本語では、三人称単数を表すのにその人の名前や「乗客」「友人」などの普通名詞、「先生」「警察官」などの職業名を使うことが多く、この場合は性を特定しなくても済みます。

「彼女」「彼」はたしかにバイナリーですが、実はその出番はそんなに多くありません。

次にあげるのは二〇二一年の本屋大賞（ノンフィクション本大賞）を受賞した上間陽子

『海をあげる』の一節です（傍点引用者）。

私は何度か春菜と会った。私と会っているころ、春菜は和樹ともう別れていた。私に会うと春菜は、自分から和樹と別れたこと、和樹と別れたので仕事をしなくてよくなったこと、いま昼の仕事ができているのが嬉しいと、しっかりした口調で話していた。

春菜や和樹の傍点部分は、英語なら、くり返しを避けてsheやheといった人称代名詞にするのが普通ですが、日本語はこのように名詞をくり返すことが多いために「彼女」「彼」はあまり使われないのです。

そもそも、日本語の三人称は「彼」だけでした。森鷗外は『舞姫』で、踊り子エリスを一貫して「彼」と記しています。女性の三人称として「彼女」という訳語を作ったところに、男性優位の思想が現れているといえます。男は基本形（彼）で、女はその派生形だからです。

明治以降の西洋語の影響による日本語の目まぐるしい変貌を思うと、「彼女」「彼」がそんなに使われていないのはいささか意外な気がしますが、明治以降に生まれたこれらの三人称に、わたしたち日本人はいまでも心のどこかでなじめないものを感じているのかもしれません。

第三章

日本語ってどんなことば？

これまでの章では女ことばを手がかりに、その背景や使われ方、文化とのかかわりなどを述べてきました。

ところで、日本語とはそもそもどんなことばなのでしょうか。世界的にみれば日本語は標準的な言語といえます。母音や子音の数も平均的ですし（音素数は少ない方ですが）、名詞の単複の区別をしない、述語が最後に来る語順なども多数派に属するからです。

漢字・ひらがな・カタカナ・ローマ字の四つの文字表記を使う点では非常に珍しいといえますが、表記の問題はひとまずおくとして、本章では、西洋語を対照しつつ日本語の特性についてお話しします。

和語と漢語の雑種

日本に漢字が伝わったのは五世紀ごろといわれています。それまで日本には文字はなく、あるのは話しことばだけでした。それが和語（大和ことば）といわれるもので、本来の日本語です。漢語は中国から伝わり、日本語として定着したものです。

平安時代にはひらがなによる文章（和文脈）は女性が、漢字を使った文章（漢文脈）は男性が使うものとされていました。女は漢字の読み書きをすべきではないという不文律がありました。つまり、ひらがなは女のもの、漢字は男のものだったのです。

その結果、ひらがなを使いたいために女を装って「をとこもすなる日記といふものをおむなもしてみむとてするなり」と書いた紀貫之のような人も現れるわけですが。

明治以降は欧米から大量のことばが入ってきて、その雑種ぶりに拍車がかかりますが、日本語の基本的な構成が和語と漢語であることは変わりません。

次の記事を見てください。

「赤羽駅のホームで男はバッグを強く引っ張った（中略）逃げた男は男性2人に追いかけられ、駅前交番近くで警察官に制止された」（『朝日新聞』二〇二〇年九月二日）

「男」と「男性」が使い分けられています。

「男」は和語で「男性」は漢語です。この使い分けは、「呼びすて」と「さん付け」、「普段着」と「よそゆき」の違いに似ています。言い方を変えれば、漢語がどれほど日本語になじみ、どれほど古い歴史があろうとも、やはり皮膚感覚において差があるということです（そんな気持ちから、本書では「女性語」ではなく「女ことば」を、「女性」「男性」より「女」「男」のほうを多く使っている）。

ここで注意すべきは、一般に漢語が「知的で高級」とされており、和語はややもすると差別的な意味合いで使われていることです。そのわけは、漢語が「文明国」である中国からきたことばだったからです。

明治以降は西洋からの外来語が、それまでの漢語の地位を奪いました。よく引き合いに出される例が、「宿屋」→「旅館」→「ホテル」の順に高級感があるというものです。このことはまた、次項で述べる「辺境民族としての日本人」にもつながっていきます。

雑種といえば、程度の差はあれ、英語もそういえるでしょう。英語の古い形（古英語）は、ゲルマン系のアングロ・サクソン語ですが、一一世紀に起きた「ノルマン征服」つまり、ノルマン人によるイングランド征服を機に、イングランドはノルマン語（フランス語の一種）を話す民族に支配され、二つの言語が使われるようになりました。

たとえば、「自由」を意味することばには freedom と liberty の二つがありますが、日常語としては本来の英語といえるアングロ・サクソン語由来の freedom が使われ、フランス語由来の liberty は書きことばに使われる傾向があるだけでなく、いささか「知的で高級」といった趣もあります。

その点で、和語と漢語の関係に似ているといえますが、漢語が文明国のことばだという理由で重んじられた日本とは異なり、イングランドでフランス語が「知的で高級」とされたのは、フランス語が支配者のことばだったからではないでしょうか。一般に言語が二重に使われるときには、それを使う人たちの社会的な地位がことばにも反映するものだからです。

辺境民族としての日本人

自国文化について優越感を抱いている中国人やインド人と日本人を比較した梅棹忠夫の言は、半世紀たったいまでも——残念ながら——有効です。

日本人にも自尊心はあるけれど、その反面、ある種の文化的劣等感がつねにつきまとっている。それは現に保有している文化水準の客観的な評価とは無関係に、なんとなく国民全体の心理を支配している、一種のかげのようなものだ。ほんとうの文化は、どこかほかのところでつくられるものであって、自分のところのは、なんとなくおとっているという意識である。

『文明の生態史観』の一節ですが、その理由について、梅棹はこういいます。

おそらくこれは、はじめから自分自身を中心にしてひとつの文明を展開することのできた民族と、その一大文明の辺境諸民族のひとつとしてスタートした民族とのちがいであろうとおもう。

梅棹のいうように、日本はひとつの文明の中心になったことはなく、古くは中国、明治以降は欧米を規範として仰いできました。「日本人は辺境民族なので、辺境文化のほうに共感を覚える」といった梅棹に対し、仲間のドイツ系アメリカ人、シュルマンはいいます。

「ドイツ人もそうですよ」

ドイツ人は「ローマ世界の文明の外に住むゲルマンの蛮族だった」からです。

プロイセンの啓蒙専制君主フリードリヒ二世は、フランス文化に傾倒して、母語であるドイツ語を劣ったものとして蔑み、膨大な著作の多くをフランス語で著しました。『ドイツ文学史』さえもフランス語で著したことを思うと、痛ましさすらおぼえます。

もっとも当時はロシア宮廷が公用語にしたのをはじめとして、ヨーロッパ全体でフランス語は上流階級のことばとされて重んじられていました。しかし、フリードリヒ大王は自国語を徹底的にくさした。そこが他の国との大きな違いです。

何もフリードリヒ大王まで遡《さかのぼ》らなくても、ドイツ人の「母語の軽視」は連綿と続いているというのがわたしの印象です。昔ドイツにいたときは、ドイツ語は田舎者のことばだと自嘲気味にいって、英語やフランス語を話したがる学生は珍しくありませんでした。

現代でも、ドイツ人はほかのヨーロッパ人よりも外国語をしゃべりたがる傾向があります。アメリカの国際機関で働いている人が、同僚のドイツ人について、彼らはドイツ人同士でも英語で話している、と驚いたとか。

この「母語の軽視」という点でも、わたしたち日本人との共通項を感じます。そうでなかったら、明治時代に初代文部大臣の森有礼が国語を英語に変えようとしたのをはじめ、戦後は志賀直哉がフランス語にしてはと提案し、前世紀末には小渕恵三首相（当時）が、英語を第二公用語にしようなどといいだすことはなかったでしょう。

主語はいらない

翻訳をしているうちに、わたしは日本語には人称代名詞がないだけでなく、主語もないと思うようになりました。これは仕事を通しての実感であって、理論的なものではありません。

金谷武洋『日本語に主語はいらない』を読んではじめて、文法的な裏付けがあることを知ったのです。ですから、多和田葉子の次の一節はまさに我が意を得た思いでした（『言葉と歩く日記』）。

日本語には主語はない、人称代名詞もない、「わたし」も「彼」も名詞である。

そんな風にいつも言い放っていた。金谷さんの著作を読んでいると、それがわたしの妄想でないことが分かってほっとする。

日本語に主語がないという論を代表するものとしては、三上章の『象は鼻が長い』があげられます。三上によれば、「象は鼻が長い」の「象」は主題であり、主語ではない。つまり、この「は」は、「象についていえば」という意味であり、「鼻」は「長い」の補語になります。

ところで、百三十年も前に日本語に主語がないことに言及したアメリカ人がいたのをご存じでしょうか。『極東の魂』（一八八八年）の著者、パーシヴァル・ローエルです。ローエルは一八八三年に初来日し、その後も何度か日本を訪れて日本に関する本をいくつか著しました。

ローエルは言語学者ではありません。天文学者で、太陽系に冥王星が存在することを予測したことで知られますが、ハーバード大学在学中はとくに数学に秀でていたといいます。実はこれはとても興味深い。なぜなら、三上章ももとは数学者だからです。

ローエルについていえば、外国人だったことも理由のひとつでしょう。日本語を外から見ることができたからです。「はじめに」で書いたように、わたしが「性別の美学」という概念を得たのも、ドイツ人の日地谷＝キルシュネライトの論考によるものでした。ローエルは日本語に（動作主としての）主語がないのは「まず自然が優位を占め、次いで人間が来る」からだとして、次のように述べていますが、これはまさしく三上章の先駆をなすものといえます。

彼らの思想においては、人間の占める役割が重要でないことをはっきりと示すかのように、文章は普通主語を持たない。思想の中心をなす単語を含む句が、強調の助詞「は」（これは英語の as to。フランス語の quant à にあたる）によって後に続く文から区切られるという用法は、普通に用いられるが、このように特別の注意を惹くために取り分けられた単語は、文の主語であるよりも、目的語となっている場合の方がはるかに多い。この習慣は、われわれの speaking of （について言えば）の句と類似している。（中略）実際、主語はどこにも姿を現わさないのが普通である。次から次へと主語を探しながら文章を読んでも結局、主語は影も形も見えないのだ。

主観的である

日本語には主語がないこと、英語とはかけ離れた言語であることについては、『文章読本』で谷崎潤一郎も指摘しています。

「暑い。」「寒い。」「淋しかった。」でも、立派に一つのセンテンスになり得る。つまり、日本語には英文法におけるセンテンスの構成と云うようなものが存在しない。どんな句でも、たった一つの単語でも、随時随所に独立したセンテンスになり得るのでありますから。

次にあげるのは、川上弘美『真鶴』のなかの真鶴を訪れた主人公が魚料理の店に入る場面です（傍点引用者）。

一軒だけ「営業中」の札が下がり、灯《ひ》がともっている。昼の灯は、ものさびしい。入った。

傍点を付けた文章には主語がないどころか、述語しかありません。が、谷崎のいうように、立派にひとつの文として成立しています。

語り手の視点からことばを紡ぎ、語り手にとって（聞き手にとっても）自明である事柄はあえて明示しない。それは主観的な表現にも通じ、このように単語ひとつでも文になるということは、日本語が主観的な要素が強いことばだから、ともいえるでしょう。

日本語の主観性というと、きまって思い出すことがあります。一九六八年にドイツにいたときのこと。大学で古本市が開かれるというので行ってみたら「誰もいなかった」ので（実は曜日を間違えていた）がっかりしたわたしは、ドイツ人の友人にその話をしました。するると、彼女はくすりと笑ってこういったのです。

「でもね、あなたはいたんでしょ？」

実をいうと、友人にそういわれたとき、わたしはドイツ人って理屈っぽいなあと思っただけでした。発想の違いに思い至ったのは、ずっとあとのことです。

これは、西洋語がある状況のなかにいる自分を外から見て客観的に表現するのに対して、日本語はその状況が自分からどう見えるかを伝えようとすることからきています。つまり発想が主観的なのです。

同じような例としては、道に迷って人に尋ねるときの表現の違いがあります。英語では「Where am I?」というのに対し、日本語では「ここはどこですか？」というのが普通です。ここにも、英語の客観性と日本語の主観性がみてとれます。

このような日本語の特性は、時間の表現においてもみられるように思います。日本人はよく「あそこへ行ったのは三十年前だった」、「次のワールドカップまであと三年だ」のようないい方をしますが、西洋人は「あそこへ行ったのは一九九三年だった」、「次のワールドカップは二〇二六年だ」というほうを好むからです。

自分にとって（相手にとっても）自明であるならばあえてことばとして明示しない例によくあげられるのが、国語学者の金田一春彦が実際に耳にしたという「うちの娘は男です」です。孫の話をしている女性同士の会話で、それぞれ自分の娘が産んだ子の性別について話していたとか。

自動詞を好む

日本語は自動詞が大好き。「風呂が沸いた」「ご飯になる」「ビールが冷えている」などというように、この表現はいたるところに顔を出しています。

あたかも風呂は自然に沸き、ビールはひとりでに冷えたようですが、誰も不思議に思いません。

自動詞話法は、いいにくいことを伝えるときにその真価を発揮します。しばらく前に久方ぶりに近くのカフェに行ったとき、マスターがいいました。

「今月からランチにコーヒーがつかなくなりました」

要するに値上げですが、こういうとき「今月からランチにコーヒーをつけないことにしました」とはいわない。誰が決めたのか、それはぼかされたまま。

先のローエルはいいます。


行為は人間によって起こされると考えられず、むしろ自然に起こった出来事と見做される。

これこそ、日本語で自動詞がよく使われる理由です。いっぽう、西洋語は他動詞中心言語といっていいでしょう。このことは、言語学者である池上嘉彦のいう「英語は〈する〉的な言語で、日本語は〈なる〉的な言語である」に通じます。ユダヤ・キリスト教の聖典である旧約聖書が「はじめに神は天と地とを創造された」から始まるのは象徴的です。ここにすでに「S（主語）＋V（他動詞）＋O（目的語）」の構文が明確に現れているからです。

受け身を好む

日本語はまた、受け身が好きです。西洋語に翻訳された日本文学をみると、それがよくわかります。日本語の原文が受動文（受け身）でも、翻訳では能動文になっていることが圧倒的に多いからです。

たとえば、先にあげた『真鶴』で、語り手の女が恋人（礼）の住まいを初めて訪れる場面（傍点引用者）。

> 「ここはアパート？　それともマンション」聞くと、礼は首をひねった。
> 「それ、どうしても知りたい」聞き返された。
> ううん、ただ聞いてみただけ。

ドイツ語訳では「彼は聞き返した」と能動文になっています。その結果、ドイツ語訳では原文のもつニュアンス——問いがあまり適切ではなかったのかもしれない——は消えています。

次に、村上春樹『色彩を持たない多崎つくると、彼の巡礼の年』を取り上げます（傍点引用者）。

> 多崎つくるがそれほど強く死に引き寄せられるようになったきっかけははっきりしている。彼はそれまで長く親密に交際していた四人の友人たちからある日、我々はみんなもうお前とは顔を合わせたくないし、口をききたくもないと告げられた。

　ドイツ語訳ではこの傍点部分は、それぞれ「死がつくるにその魅力を強く感じさせるようになったきっかけ」「（友人たちは）告げた」と、やはり能動文になっています。「つくるが死に引き寄せられる」のと、「死がつくるにその魅力を強く感じさせる」のでは、つくるの無力感が違ってきます。「引き寄せられる」という受け身の表現には「有無をいわせず」のニュアンスがあるからです。「告げられた」にも同じことがいえるでしょう。

　この表現には、日本語の受動文の持つ大きな特徴である「無力感や悲しみなどの感情を表す」一面がきわめてはっきりと出ていますが、ドイツ語訳ではそれが消えています。

　このような違いが生じるのは、主観性の強い日本語では、語り手の立場から受け身で語るのが自然であり、ドイツ語などの西洋語では客観性のある能動文が好まれるという以上のものがあるからではないか――そんな気がします。

つまり、西洋語は、人間がなすすべもなく翻弄される状況をあまり好まないということです。その言語感覚は、ローエルのいう「まず自然が優位を占め、次いで人間が来る」日本とは逆の「人間が自然を支配する」という西洋的なメンタリティーと無縁ではないようにわたしには思えます。

先に、日本語は自動詞が好きだといいましたが、このことと受け身好きとは密接な関係があります。どちらも、自らを動作主として示したがらないだけでなく、往々にして自分の力ではどうにもならないという無力感を含むからです。先にあげたマスターの発言にも「本当はコーヒーをつけたいのだけれど……」という気持ちがこめられていたように思います。

遠まわしに拒絶する

外国人とのコミュニケーションにおいて誤解を生む表現としてよく例にあげられるのは、次のような会話です。

「帰りに一杯どう?」

「今日はちょっと……」

日本人同士なら、これで文句なく通じますが、外国人、特に西洋人にはわかりにくいようです。

この点に関してひとつ、興味深い報告があります。先にあげたエマ・バーンは、日本で暮らしていたことがあり、そのとき日本人の「遠まわしな言い方」のおかげでとても居心地がよかったというのです（『悪態の科学』）。

この国の言葉には、相手の気分を害することなく頼みごとを断る言い方がたくさんあることを知って、わたしは思わず歓喜の声を上げそうになりました。〝いやよ！〟と拒否しないで〝今はちょっと難しいかも……〟と言えばいいんですから。

わたしが驚いたのは彼女がイギリス人だったことでした。イギリス人こそ遠まわしな言い方が得意だと思っていたからです。これは単にわたしの個人的な感想というわけでもないようで、ドイツの友人もこんなことをいっていました。

彼女がイギリスに留学していたとき、支払期限が過ぎたからと、アパートの家主の女性が家賃を取りに来ました。その人は借家人のリストを広げて支払い済みの欄を見せると

「あなたのお名前をこちら側に書けるかしら」と聞いたというのです。

「ドイツ人だったら、『期限が過ぎています。払ってください』で、おわりよ」

否定的な表現を避ける

「〇〇は悪い」という代わりに「良くない」という。「〇〇は嫌い」という代わりに「好きではない」という。日本語には、否定的な表現を避けるきらいがあります。

大学で教えていたころ、あるクラスにいつもマスクをしている中国からの男子留学生がいました。はじめは風邪か花粉症かと思っていたのですが、ずっとマスクをしているので、何かの拍子に尋ねたことがあります。

「アレルギーがひどいの？」

「いいえ。僕の顔が醜いからです」

思いがけない返事に、わたしは答えに窮しました。そして思ったのです。たとえ自分のことでも、日本人なら「ブサイク」ということはあっても「醜い」とはいわないだろう……（単に彼の日本語力の不足のせいだったのかもしれませんが）。

そのとき脳裏にひらめいたのは、昔ドイツで友人と話していたときのことでした。高校時代の女性の先生について彼女はこういったのです。

「大好きだったわ、その先生のこと。すごくヘスリヒ（醜い）だったけどね」

すごくヘスリヒ？

びっくりして思わず彼女にいいました。

「そういう言い方は良くないいんじゃない？」

すると彼女は意外そうにわたしを見たのです。

「だって本当のことなんだもの。どうしてまずいの？　日本ではそういうことをいわないの？」

「いや、違う言い方をするってこと」

「へえ、どんなふうに？」

「きれいではないとか。美人じゃないけど、とか」

「そうなの……」

彼女は感心したようでした。

「確かに人の顔のことを醜いというのはきついかもね。日本人って優しいのね」

罵倒語や悪態が少ない

先にも触れましたが、とにかく日本語には罵倒語や悪態が少ない。これは翻訳者共通の悩みです。いつも「こんちくしょう」と「馬鹿野郎」でもないし、かといって、うっかりすると差別語になってしまう……。

罵倒語や悪態のみならず激しい愛のことばも少ないことを考えると、感情の起伏が西洋人と比べて少ないとはいえるでしょう。日本人には憎悪の感情が乏しいことについては、坂口安吾もいっています（『日本文化私観』）。

三国志に於ける憎悪、チャタレイ夫人の恋人に於ける憎悪、血に飢え、八《や》ツ裂《ざき》にしても尚あき足りぬという憎しみは日本人には殆どない。昨日の敵は今日の友という甘さが、むしろ日本人に共有の感情だ。

昔ドイツにいたとき、道端で子どもたちが罵倒語をいくつ知っているか競争している場面になんどか出くわしました。ああ、こんなに小さいときから罵倒語を覚えるのか……と変に感心した覚えがあります。

罵倒語といえば、「お前の母ちゃんでべそ」ということばをご存じでしょう。罵倒語の少ない日本語ではありますが、それでも「お前の母ちゃんでべそ」は人口に膾炙《かいしゃ》していたようで、「あした天気になあれ」といいながら、空に向かって下駄（！）を放り投げていたわたしのような世代の人間にもなじみがあります。

お前の母ちゃんでべそ――よく考えれば実におかしないいぐさです。でも当時は何も考えずに聞いていました（これをいうのはもっぱら男子だったような）。ところがなんとこの語源となることばは、鎌倉時代の「御成敗式目」（第一二条「悪口の罪」）にあがっているのです。

詳しくは『中世の罪と罰』にある笠松宏至の「お前の母さん……」の項を見ていただくとして、「へそ」は性器を指すと考えられ、したがってこれは「母親の性器に関する悪口」であり、つまるところは「母子相姦」、「お前は母親と寝た」という意味だとか。

英語にも同じ言い回し（motherfucker）がありますね。ギリシャ悲劇の『オイディプス』を思わせますが、洋の東西を超え、時代も超えて普遍的なものがあるということでしょうか。

もっとも、これには他の解釈もあるようです。米原万里は、お前の母ちゃんがでべそであることなど普通はわからないはずで、それを知っているということは「（俺は）おまえの母親を姦《や》った」という意味になるのではないか、といっています（『不実な美女か貞淑な醜女《ブス》か』）。

そうだとすると、「お前の母ちゃんと寝た俺のほうがお前より上だ」というマウンティングともいえ、罵倒語としての効力が増すかもしれません。

罪のない憎まれ口だとばかり思っていた「お前の母ちゃん」にこんな意味があろうとは……。洋の東西を問わず、罵りことばは主として男が使うものとされてきました。そのとき、相手の母親を侮辱するのが一番効果的であることもまた、同じではないでしょうか。男にとって、母親が侮蔑されるのは耐え難いのでしょう。だってその女から生まれた自分も否定されるのですからね。

西洋語にくらべて罵倒語の少ない日本語。そのなかでも性にまつわる罵倒語が少ないのは、キリスト教社会とは違い、日本では近世になるまで性に関する規律や規範が比較的ゆるやかだったこともあるかもしれません。

命令形を避ける

日本語では命令形はあまり使われません。歴然とした上下関係や対立関係でもあればともかく、人に指示をするとき、日本人はいわゆる命令形ではなく別の形をとることが多いのです。

たとえば、「来い」ではなく、「来てくれ」「来てください」「(かならず)来ること」「来るように」「来なさい」(これは丁寧な命令形ともいわれる)など。

「来る!」のような動詞の基本形を使うこともあります。

「来てくれ」「来てください」は、本来は依頼の表現ですが、実際には命令の意味で使われることも多い。直接的で強い物言いを好まない国民性を考えればこれは不思議ではないでしょう。

日本語は「女性的」である

ここで、本章でみてきた日本語の特性について、ごく簡単にふり返ってみましょう。

まず、「主語がない」とは、誰がやったのかいいたがらないことに、

「主観的」とは、事実より、自分はどう思ったかについて語りたがることに、

「遠まわしに拒絶する」とは、はっきりものをいいたがらないことに、

「受け身が好き」とは、自分がやったのではなく、相手のせいだといいたがることに、

「自動詞が好き」とは、自分がやったのではなく、自然にそうなったといいたがることに、

「罵倒語や悪態が少ない」とは、品のないことばを使いたがらないことに、
それぞれつながります。

こうしてみてくると、日本語って、世間で「女性的」だとされてきた話し方に似ていると思いませんか。正確にいえば、「女性的だとされ、批判されてきた」特性を持つことば

なのです。必ず主語を入れ、他動詞と能動文を好み、因果関係を明確に示そうとする西洋語とは、まさに対照的だといえるでしょう。

けれども、穏やかで丁寧ないっぽうで、日本語は権威主義的で差別的な一面を持っている言語でもあります。

なぜか。それは、敬語が非常に発達していることもあって、いつでも、何気ない会話でも、相手との上下関係や年齢差による自分の立ち位置を意識せずにはいられないから。さらに、物心つくかつかないうちに自身の性をいやおうなしに意識させられ、そのことが、その後の人生を陰に陽に規定するからです。

第四章

西洋語の場合

日本の女ことばにあたるようなことば遣いは、西洋語にはないといっていいでしょう。では、西洋にはことばの性差はないのでしょうか。女性たちは男性と同じ話し方をしているのでしょうか。

ここでは英語とドイツ語についてみていきます。

西洋におけることばの性差

まず、英語についてみていきましょう。次にあげるのは、アメリカの言語学者デボラ・タネンの研究に関する記事です（アメリカトゥデイ紙から『朝日新聞』二〇一四年三月一一日）。

「『威張りたがり屋』は女性にとって、言葉以上の意味を持つ」

テーマはbossy（威張りたがり屋、親分風を吹かせたがる）という言葉だ。男性より女性に関して使われることが多く女性の成功を妨げるほか、リーダーシップの発揮を阻止する効果があるといわれているという。（中略）

タネン氏の分析によると、子どもの遊び方に関する研究は示唆に富んでいると言う。

子どもは同性の友達と遊ぶ傾向があり、男の子と女の子とでは違った話し方を身につける。女の子の場合、negotiate closeness（親密感を演出すること）を目的にふるまう。みんなが平等であるように reassuring each other（お互いに安心させる）ことを重視する。ほかの子に指示を出す女の子は嫌われてしまう。

一方、男の子はグループの中の status（立場）を確認するためにことばを使うという。ある男の子が他の子に何をすべきかを言って、その子が従った場合、指示をした男の子はグループのリーダーになる（中略）。

組織の中で地位の高い女性は、do this（これをやれ）のような直接的な命令口調より、lets……（〜を一緒にしましょう）や what you could do（あなたはこんなこともできるはず）など、遠回しの表現を好んで使う。だが、そのような話し方では自信が欠けているように見られてしまうし、権力者のような振る舞いではアグレッシブ過ぎると見られる。どんな話し方がいいのか。働く女性にとって、どっちに転んでも double blind（板挟み）の状況なのだ。

では、ドイツ語ではどうなのでしょうか。「はじめに」でとりあげたドイツの心理学者ウーテ・エーアハルトは、その著書の中で女性の話し方の例をあげ、これらを典型的な「女らしい言い回し」だと指摘しています。次にその論旨を簡単にまとめておきます。

「あなたもそう思わない？」

断定しない。

付け足しのようないい方をしたり、発言の最後を質問で締めくくったりする。そうすることで人間関係を安定させようとするからだ。

重要なことは誰も傷つけないこと。自分の意見を主張するより、まわりを優先する。

「ひょっとして今日時間ある？」

多くの女性は用心深い口の利き方をする。相手の同意が得られない場合にすぐに撤回できるようにとの配慮からだ。お気に入りのことばは、「ひょっとして」。これがなくても意味は変わらない。ただ、命令するような印象を与えないように付け加えるだけ。

「もし誰も反対でなかったら……」

もってまわったいい方をする。

女性がこんなに遠慮深いのは少しも不思議ではない。幼いころから、へりくだったものいいかたをするように教育されているからだ。生意気な態度をとっても、男の子は多かれ少なかれ大目に見られる。だが、女の子の場合は批判されるからである。

「今晩どこへいく？」「なにをしましょうか？」

要求するかわりに質問する。

これは相手に従わせることを諦めた女性特有の話し方であり、いたるところで耳にする。この表現をまったく使わない女性にわたしはまだ一度も会ったことがない。

「ほんとうは……だけど」

これは裏返しの表現である――「ほんとうは約束があるんだけど……でも、いいのよ、断っても」

要するに「わたしはあなたのいうとおりにする」と告げているのだ。けれどもこれに気づいている人はまずいない。

議論でも女性はこういう話し方をする。会議で真剣に提案したのにあっさり退けられると侮辱を感じるが、その際自分が過度にへりくだった、あるいは撤回を匂わせるいい方をしてしまったことには気がつかない。

「飲みに行く？　それとも映画のほうがいい？」

なぞなぞ――これは特に気づきにくい。

内心映画に行きたいと思っていても、こういういい方をする女性は多い。そしてほんとうはなにがいいたいのか察してくれるよう、相手に求めているのだ。ことばの端々に自信のなさをにじませるので、相手の男性はますます自分の意見を主張しやすくなる。それどころか、相手の女性が何を望んでいるのか気づかないことさえある。

いかがでしょう。英語やドイツ語にあるとされる「女らしい言い回し」ですが、これらがそのまま日本語にあてはまることに驚きませんか。

二〇二二年のジェンダーギャップ指数で一〇位にランクしているドイツでは、政治的・社会的な進出をはじめとして女性を取り巻く状況はエーアハルトの著書が出たときとはもちろん大きく変わっています。

にもかかわらず、この本が発売から三十年たったいまも多くの女性から支持されているのはなぜか。それは彼女が説いたのが、制度やシステムのではなく心理面での改革だから。たとえ社会的な制度が整っても、長い間に刷り込まれた価値観はめったなことでは変えられないのが人間の常。そこから抜け出すのは容易なことではありません。

「おばあちゃんの本棚で見つけた」という若い女性の星五つのレビュー「この本によって自分の考え方がこれほど変わるなんて、思ってもみなかった」（二〇一八年四月二八日）をアマゾンで見つけたときは、いささか複雑な気分になりました。

ところで、罵倒語や悪態などについて、エーアハルトは次のようにいっています。

ののしり、乱暴なことば、わいせつな単語などは「かわいい女」には禁じられている。男が「くそっ」といっても、誰も飛び上がったりしないが、女がいえば驚かれる。

この点に関しては、女性のことば遣いは大きく変わったといえます。ドイツ語でも英語でも女性がふつうに罵倒語を口にするようになっているからです。この変化は一九七〇年代のフェミズム運動がきっかけであり、その中心にいたのは、社会で男性と対等に肩を並べることを望んだ働く女性たちだったと、エマ・バーンはいいます。二一世紀に入ると、むしろ積極的に汚いことばや罵倒語を使う動きが広まりました（『悪態の科学』）。

思えばこれはとても興味深い。なぜって、日本語とまったく同じだからです。日本でも女性が「女ことば」を使わなくなっただけでなく、罵倒語を使うようになったのですから。

それはつまり、話し方より、ことば遣いを変えるほうがやさしいということです。くり返しますが、ことば遣いは変えられても、その奥にある「女らしい言い回し」はそう簡単に変えられないことは、西洋語の例を見てもわかります。

バーンも、「〜してもよろしいでしょうか?」とか「たぶんこれは〜ではないでしょうか?」とかいってしまって話を聞いてもらえなかったり無視されたりするというつらい経験を重ねてきたと記しています。

日本のようないわゆる「女ことば」こそないものの、英語にもドイツ語にも女性特有の話し方、「女らしい言い回し」はあるのです。けれども、よく考えればそれは不思議でもなんでもありません。

第六章で詳しく述べますが、女性についてのさまざまな言説は、マイノリティあるいは弱者についてのそれと重なることが極めて多い。男対女としてより、強者対弱者、支配者対被支配者の構図としてみるとぐっとわかりやすくなります。

そういう対立がない社会が存在しない以上、力関係が反映される話し方（「女らしい言い回し」）は、普遍的に存在すると考えられるからです。

問題は「女らしい言い回し」

近年、女ことばに対する次のような声をしばしば耳にします。まず、実際にはあまり使われていないのに、メディアや書物、映画字幕などで使われていることに違和感がある。次に、その結果、女ことばが「女は女らしく」という規範を再生産しているというものです。

はじめの、「実際にはあまり使われていないことからくる違和感」については、第七章でお話しすることにして、ここでは次の、女ことばが「女は女らしく」という規範を再生産しているという指摘について考えます。

　女ことばが「女は女らしく」という規範を再生産しているとするなら、女ことばのために女性は自己主張や男性との対等な対話がしにくいことになります。でも……ほんとうにそうでしょうか。女ことばでは自分の考えをはっきりいうことはできないのでしょうか。いいや、そんなことはない、とわたしは思います。「いいよ」ではなく「いいわよ」といおうと、「醤油《しょうゆ》」ではなく「お醤油」といおうと、それは本質的な問題ではない。発言内容に影響を与えるものではないからです。

　女ことばでは悪態もつけず命令形もないので、強く自己主張するには不向きだという意見もあるかもしれません。けれども、前章で指摘したように、もともと日本語ではあまり命令形を使わないうえに、悪態や罵倒語も出番が少ないので、そのために決定的に立場が不利になるとまではいえないでしょう。

　いいかえれば、決定的に立場が不利になるとき、たとえば痴漢に遭ったようなときは、悪態や命令形の出番です。女ことばがどうの、などという次元ではありません。

　そういえば、千年も前にこんなことをいっていた人がいましたっけ。

いやしきこともわろきことも、さと知りながらことさらに言ひたるは、あしうもあらず（「下品な言葉でも、悪い言葉でも、そうと知りつつわざというのは、悪くもありません」酒井順子訳／清少納言『枕草子』一九五段）。

お断りするまでもないと思いますが、わたしは「女はやっぱり女ことばを話すべき」などと考えているわけではまったくありません。

いまどきの女子のことばに「よ」「わ」「ね」という語尾はないのだ凜と行くのだ
さいとうすみこ（NHK短歌）

わたしは「いまどきの女子」が中立語を話していることを歓迎しています。悪態をつくことだって大賛成です。

それなのに、なぜ、いまなおわたし自身は「女ことば」なのか。

なくすべきは、女ことばではなく、先にあげたような女性特有の話し方「女らしい言い回し」だからです。会議などで、「それはまずい。○○に変えるべきです」というところを、「それはあまりよくないのではないでしょうか。○○にしたほうがいいように思うのですけれど……」というのでは、説得力がまったく違います。

普段の会話でも同じ。夫や恋人に「明日、鎌倉行こう」といおうと、「明日、鎌倉行きましょうよ」といおうと、いいたいことはきちんと伝わります。でも、「明日、鎌倉行きたいんだけど……」はどうでしょうか。意思表示の度合いは弱くなります。けれども、こういう言い方をしている女性は、まだまだ多いのではないでしょうか。

しつこいようですが、「よ」「わ」「ね」などの語尾や「お醬油」といったことば遣いには、発言の内容を左右するほどの力はないのです。逆にいえば、「のよ」「だわ」や「お」を使わなくても、「女らしい言い回し」をしている限り、はっきりと意思表示するのはむずかしい。

わたしたち女を縛っているのは、あくまでも「女らしい言い回し」なのです。現に「女らしい言い回し」をしない男たちは、わたしたちと同じ「女性的な」日本語を使ってこの国を牛耳っているじゃないですか。

くり返しますが、同じような現象は西洋語にもあります。しかし、わたしたち日本の女性にとって、この「女らしい言い回し」と訣別することは、西洋諸国の女性たち以上に困難ではないか……残念ながら、わたしにはそう思えます。

置いてけぼりの日本

二〇二二年の日本のジェンダーギャップ指数の順位は、一四六か国中一一六位。ちなみに十年前（二〇一二年）は一〇一位。この十年間の指数はほぼ横ばいなのに順位が落ちているところに、他の国の変化が読みとれます。

ヨーロッパの国を例にあげれば、ドイツは一〇位でフランスは一五位。保守的だとされるイタリアでさえ六三位です。日本の状況がどれほどひどいかわかるというもの。近隣のアジア諸国を見渡せば、タイ七九位、ベトナム八三位、韓国九九位、中国一〇二位の数値が示すように、日本のジェンダー格差はかくも大きいのです。

いつになっても日本のジェンダー格差が縮まらないのは、いったいなぜなのでしょうか。日本が特別に女性差別のひどい国だったから？　いや、少なくとも戦後の日本を見る限り、そうはいえないのです。

第一章でもふれたように、一九六〇年代までのヨーロッパの女性差別はひどいものでした。たとえば、フランスや西ドイツ（当時）では、夫の許可がなければ妻は働くことができないばかりか（フランスは一九六五年まで、ドイツは一九七七年まで）、家計はすべて夫が握り、妻は自分の財産すら自由になりませんでした。

男とうまくやるより、彼のお金でうまくやるほうがずっとむずかしい。

イングリート・ヴァン・ベルゲン

姓の問題にしても、わたしのいたころのドイツでは、結婚したら夫の姓を名乗ると決められていました。

なかでも重要なのは、人工妊娠中絶の権利です。問題は多々あれど、戦後の日本では一九四八年に合法になりましたが、フランスで中絶ができるようになったのは、七五年になってからで、ドイツでも七六年です。

昨年ノーベル文学賞を受賞したアニー・エルノー原作による映画『あのこと』（二〇二二年）を見ると、当時のフランス女性のおかれていた状況の過酷さに息を呑《の》まずにはいられません。なにしろ「中絶は殺人」とされ、犯罪だったのですから。

一九七〇年代のヨーロッパでフェミニズム運動がうねりをあげて広まった背景には、このような大きな女性差別があったからだと思われます。

いまやジェンダー平等において完全に置いてけぼりの日本。なぜ、日本はヨーロッパのような格差解消の方向に進めなかったのでしょうか。七〇年代のウーマンリブ運動に始まる日本のフェミニズム運動が、ヨーロッパのように社会を変えるほどの力を持てなかったのはなぜなのでしょう。

それにはいくつか日本の特殊な状況が関係しているように思えます。


なぜ日本のジェンダー格差はなくならないのか

その理由としては次のようなものが考えられます。

第一に、人生のあらゆる局面において、わたしたち日本人には日本独自の「性別の美学」が深く刷り込まれており、もはやそれと意識して見つめない限り気がつかないところまできていること。

第二に、参政権や婚姻の自由をはじめ、七十年以上も前から名目の上では両性がいちおう平等であること（ただし、これらは戦後の民主憲法によって与えられたものであり、西洋の女性たちのように勝ちとったものではない）。

第三に、日本の女性には、西洋の女性にはない二つの「自由」があったこと。
1　行動の自由。第一章で述べたように、カップル社会の西洋とは違い、日本では女性がひとりで、あるいは「女子会」ということばが示すように、同性同士で自由に行動できます。そのうえ近年は「おひとり様文化」が盛んになり、わたしたちの行動範囲はさらに広がりました。

2　お金を使う自由。昨今はそれぞれ生活費を出し合う共稼ぎのカップルも増えてきたとはいうものの、家計を管理しているのが妻であるケースはまだまだ多い。これは西洋諸国においてはきわめて異例です。西洋の女性が働くようになった理由は、オイルショック後の経済の冷え込みもありますが、自由に使えるお金が欲しかったことが大きいといえます。

その点、日本の女性は、日々の暮らしにおいて「そこそこ」自由だったために、西洋の女性たちのような、平等に対する切羽詰まった欲求を感じることが少なかったのかもしれません。

日本の男女格差がなくならない最大の理由は、既得権益をがっちり握ったまま手放さないホモソーシャルな社会構造にある。それは疑いようのない事実です。でも、その社会構造がいつまで経っても変わらない理由のひとつに、これらの日本の特殊な状況があるのではないでしょうか。

ジェンダーニュートラルな表現へ

ご存じのように欧米の言語では、女性の場合に限って結婚しているかどうかで敬称が変わります。英語ではミセスとミス、ドイツ語ではフラオとフロイライン、フランス語ではマダムとマドモワゼル、イタリア語ではシニョーラとシニョリーナなど。

ただし、男性のほうにはこの区別がないため、これは性差別であるという理由から、アメリカでは「ミズ」が生まれ、国連では一九七三年に公式文書はミズに統一されました。

ドイツについていえば、七〇年代に女性たちから抗議の声が上がりました。七七年にわたしがドイツにいたときはフェミニズム運動真っ盛りで、大学でも「フラオ」と名乗る女子大生が出現していました。そうそう、男子学生からは「フラオの人」なんていわれてましたっけ。

こんな日常的なことばひとつにも、欧米の女性の置かれていた立場がよく現れています。けれども、そもそもそういう区別のない国に生まれたこともあり、大学を出たばかりで若かったわたしは、そのことをまったく意識していませんでした……。

一九六八年に、ドイツの大学病院でアルバイトをしていたときのことです。わたしは独身だったので「フロイライン〇〇」と呼ばれていました。そのころ同じ病棟で事務をしていた中年の独身女性がいました。彼女も「フロイライン〇〇」と呼ばれていました。

あるとき、彼女から日本では女性はどう呼ばれるのかと聞かれたのです。日本では男も女もみんな「さん」なのだと説明すると、彼女はため息をつきました。

「いいわねえ……」

わたしが怪訝な表情をしたのでしょう、彼女は続けました。

「わたしはね、どこに行っても『フロイライン○○』と呼ばれるでしょ、独身だってことがまわりの人にわかってしまう。とっても肩身が狭いの」

当時はドイツでも、ある年齢を過ぎても結婚していない女性に対する偏見がはっきりとありました。いうなれば、若くない女性に対する「フロイライン」は、「オールドミス」や「行かず後家《ごけ》」などと同じニュアンスがあったのです。

フロイラインが事実上の死語になったドイツとは異なり、フランスやイタリアではまだ「マドモアゼル」「シニョリーナ」は使われているようです。とはいえ、二〇一二年にフランスでは「マドモアゼル」が公文書では使えなくなったのをみても、いずれはなくなっていくのかもしれませんが。

フェミニズムとことば

言語における性差別に対する抗議とそのための対策が始まったのは、一九六〇年代後半から七〇年代にかけてのフェミニズム運動がきっかけです。英語の場合、まっさきにやり玉にあがったのがmanでした。ご存じのように「マン」ということばは男性と人間の両方を指します。

その結果、たとえば、chairman は chairperson や coordinator に、sportsman は athlete や player に、policeman は police officer に、mankind は humanity、humankind、human beings、people などに変わったことはご存じでしょう。

man を巧みに批判しているのが図1の『ピーナッツ』です。

谷川俊太郎訳では、一コマ目「ほら、やってきたよ！」、二コマ目「『人間《マン》の最良の友』」、三コマ目「『男《マン》の最良の友』ですって？」、四コマ目「女のどこがいけないの？」。

一九五一年二月の掲載ということは、アメリカで広く問題視されるはるか前。やるね、シュルツ！

authoress（女流作家）のような、職業名の女性形を表す「-ess」も、急速に消えつつあるいっぽうで、第二章でもふれた、ノンバイナリーな人を表す三人称単数 they は、現在かなり浸透しているようです。

女性名詞・男性名詞・中性名詞

同じころ、ドイツでも言語における性差別は大きな問題になりました。英語を除く多くのヨーロッパ語ではそれぞれの名詞に性があり、これは文法性と呼ばれています。

ドイツ語は女性・男性のほかに中性もあります。無生物にも文法性はあり、Tür（扉）

は女性名詞、Tisch（机）は男性名詞で、Zimmer（部屋）は中性名詞とバラバラですが、人を意味する名詞の場合には、基本的には実際の性に則しています。つまりお母さん（Mutter）は女性名詞でお父さん（Vater）は男性名詞というわけです（もっとも番兵（Wache）は女性名詞、英語のgirlにあたるMädchenは中性名詞といった例外はあり）。

Student（大学生）は男性名詞ですが、性に関係なく「大学生一般」も指します。いっぽう女子学生はStudentinといい、男性名詞の派生語であり、男性を指すことはできません。

これは複数形でも同じです。このように男性形が両性を意味する総称、男性名詞は性差別的であるという批判に対して、これまでもさまざまな提案がなされてきました。

［**図1**］ チャールズ・M・シュルツ『ピーナッツ』1951年2月13日付

たとえば呼びかけの際には従来の複数形であるStudentenではなく、両性を併記するStudentinnen und Studenten、あるいはスラッシュを入れ、「I」を大文字にして記すStudent/Innenなど。七〇年代にドイツにいたとき、フェミニストの女子大生が「大文字のIの人」などと呼ばれていたのを思い出します。

現在パスポートの署名欄には所有者として男性形のInhaberだけでなく、女性形のInhaberinも記されていますが、これは一九九〇年代にひとりの女性が起こした訴えによって実現したものです。

女性を表すことばは男性形から派生したものが多いといいましたが、逆のパターンもあります。結婚式では花嫁をBraut（英・bride）といいますが、花婿は花嫁の引き立て役なのでBrautに接尾辞を付けてBräutigam（英・bridegroom）となります。漢字の「婿」が女偏なのも同じような発想からきているのでしょう。

また、配偶者を亡くした女性はやもめWitwe（英・widow）はそもそも女性に使われることが多いため、男性の場合はWitwer（英・widower）となり、やはり女性形の派生語です。

日本語でも「やもめ」は主として女性を指すために、男性の場合は「男やもめ」といったりするのを思うと、言語が違っていても共通するものがあるのですね。

近年、ドイツでもジェンダーニュートラル（性的中立性）な表現を使う動きが盛んになっています。先にあげたStudentenを例にとれば、アスタリスクをつけるStudent*innenやアンダースコアをつけるStudent_innenなどが使われているようです。これらはノンバイナリーな人も含むとされます。

大学や企業、役所、メディアなどでは、ジェンダーニュートラルな表現が使われているようですが、ドイツの世論調査会社ＩＮＳＡによる調査（二〇一九〜二〇年）では、ジェンダーニュートラル表現の使用について、どちらかというと重要ではない、まったく重要ではないと考える人が合わせて六二パーセントにもなるそうで、なかなか難しい問題のようです。

名詞から連想する性別

わたしたちは、人間を指す以外の名詞にも何とはなしに女性性と男性性を感じることがあります。よく知られているのは、月は女性で太陽は男性というものです。といってもこれは、ドイツ語をはじめとした多くのヨーロッパ語にある名詞の性別（文法性）とは別の話です。

ギリシャ神話でも太陽神アポロン（アポロ）は男で、月の神アルテミス（ダイアナ）は女です。太陽は自ら輝き（主体・能動的）、月は太陽の光を反射する（依存・受動的）からでしょう。

しかし、わが国ではかつて女性は太陽でした――次にあげるのは、わが国のフェミニストの先駆者である平塚らいてうが、雑誌『青鞜』の創刊（一九一一年）に際して寄せた文章です。

元始、女性は実に太陽であった。真正の人であった。今、女性は月である。他に依って生き、他の光によって輝く、病人のような蒼白い顔の月である。

そもそも、日本神話に主神として登場する天照大神《あまてらすおおみかみ》は太陽神であり、女神でしたね。海から女性を連想するのもよくある例です。海は生命の源ということから「母なる海」という表現もあります。詩人三好達治は、漢字の海という字に「母」が含まれており、フランス語で「海」は mer、「母」は mère であることから、「海よ、僕らの使ふ文字では、お前の中に母がゐる。そして母よ、仏蘭西人の言葉では、あなたの中に海がある」とうたいました。

ヘミングウェイは、キューバを舞台にした小説『老人と海』で、海を愛する者は、海を

「ラ・マール」と女性形で呼ぶ（スペイン語では海は普通は男性形）と記しています。

　けれども、社会がジェンダーニュートラルな方向に進みつつある現在、このような用法は少なくなっていくのではないでしょうか。英語では船の三人称にsheを使うことがありますが、昨今ではあまり使われなくなってきているようです。

『長靴をはいた牡猫』

　この作品をご存じの方も多いでしょう（グリム版はペロー版とは少し話が異なる）。子どものころ、『長靴をはいた猫』というタイトルで親しんでいましたが、のちに原題が「長靴をはいた牡猫」（Der gestiefelte Kater）であったことを知りました。

　一般的に猫というとき、ドイツ語では女性形で表します（Katze カッツェ）。ところがこの話はわざわざ「牡猫」（Kater カーター）だとことわっているのですね。なぜだろう？　普段は猫を表すときに女性形を使っているのに、いざ活躍するとなると、オス（Kater）がしゃしゃり出てくるってわけ？　とむくれたのですが、きちんと読み直してわけがわかりました。

　このお話はやはり牡猫でなければならないのです。そのわけは「長靴」にあります。というのも、この猫が履いた靴はいわゆる「ながぐつ」ではなく、軍人や貴族の男性が履く革製の長靴《ちょうか》を指しているからです。

初期の絵本の挿絵を見ても「ちょうか」に見えるものが多い。第一、飼い主の末っ子が「有り金はたいてつくってやった」のですから、立派なものだったはず。「ちょうか」を履いていたからこそ、猫は堂々としてエラソーにみえたのではないでしょうか。そもそも猫が末っ子に長靴をくれと頼むなんてヘンです。これは自分を立派に見せるための猫の作戦だったのだと思います。

それにしてもこの猫はご主人を出世させ、自分も偉くなる大活躍で、痛快な面はあるとはいえ、よく考えるとやりくちは実にこすっからい。そんなことから、「正攻法」のイメージのある犬ではなくて猫が選ばれたのかも……。

この物語はやがてドイツロマン派の作家ホフマンの『牡猫ムルの人生観』につながり、『ムル』は漱石の『猫』に影響を与えたといわれます。漱石の猫ももちろん牡です。なんせ「吾輩」ですからね。

というわけで正確なタイトルは『長靴《ちょうか》をはいた牡猫』なんです。

第五章

日本語にちりばめられた性差別

日本語の女と男に関することばは、釣り合いが取れていないことが非常に多い。非対称といえば聞こえがいいですが、実態はそのほとんどが性差別なのです。

母語は文字通り吐く息のように使っているため、おや、と思うような表現があっても、そういうものだと思って流してしまいがちです。そういうわたし自身、女を意味することばにくらべて男を意味することばにはカッコいいものが多いとか、女偏の漢字の多くに芳しくない意味があるとか思いつつもやりすごしてきました。

いまさらことばを根本から変えることはできませんが、それでも、日ごろ何気なく使っていることばに潜む差別を知り、意識的に使うことには大きな意味があります。性差別を含むことばは無数にありますが、ここでは、身近なものをいくつか取り上げてみていきます。

女と男

「女」にくらべて「男」はプラスイメージを帯びることが実に多い。

たとえば、「男の中の男」とはいっても「女の中の女」とはいわない。ほかにも、「男一匹」「男が惚れる」「男が立つ」「男が廃《すた》る」「男になる」「男を上げる」などなど。ここに共通しているのは「男＝立派な人間」のイメージです。

そうそう、箱根駅伝の「男だろ！」もありましたね。「俺を男にしてくれ」も同じ線上にあります。「わたしを女にしてください」？　そんなことは普通いわないし、もしいったとしたら、違う意味にとられてしまう危険があります。

いっぽう、「女」はどうでしょう。「女々しい」や「女の腐ったよう」「女子ども」「女にしておくには惜しい」など、ろくなものがありません。「女だてらに」というのも「勇敢だ」と評価するより「女のくせに生意気な」のニュアンスを含むことのほうが多いですね。

少女と少年

少年という言葉には爽やかさがあるけれど、少女という言葉には得体のしれないうさんくささがある。

第二章でとりあげた『僕はかぐや姫』の主人公裕生のことばです。少女と少年——これは対語ではありません。なぜ「少女」といいながら「少男」ではないのか。男の場合は「男の要素」ではなく単に「年が少ない」だけなのに、女の場合は「女の要素」が「少ない」という表現になっている。ヘンでしょう？　これ。

男を表現するときには背後に「性を超えた人間性」があるのに対して、女の場合は「性」から逃れられない。裕生のいう「得体のしれないいうさんくささ」は、こんなところにあるのかもしれません。

「王女」と「王子」にも同じことがいえます。

プリンセス（王女）とプリンス（王子）

この数年間何かと話題になった秋篠宮家の眞子さん（当時）の結婚問題。お相手の小室圭さんは、二〇一〇年度「湘南江の島海の女王&海の王子コンテスト」で「海の王子」に選ばれたことがあるとか。「海の女王」と「海の王子」――これ、非対称ですよね。女王の対語は王であり、王子の対語は王女だからです。それなのにあえて「海の女王&海の王子」としたところに、王女と王子が真の意味での対語ではないことが表れています。

似たような例はほかにもあります。たとえば、フィギュアスケートの羽生結弦は「氷上のプリンス」といわれましたが、浅田真央は「氷上の女王」です。「氷上のプリンセス」とはいいません。

世界選手権で優勝した選手は「世界王者」「世界女王」と呼ばれますが、こちらが単なる称号なのに対して、「氷上のプリンス」や「氷上の女王」にはある種のイメージが伴います。

なぜか。そこには、プリンスとプリンセスの決定的な立ち位置の違いがあります。プリンスはひとりの自立した人間とみなされるいっぽう、プリンセスは庇護され、守られる存在だからです。

そうなると、トップに立った女性がプリンセスではしっくりこない、だから「女王」と呼ぶのではないでしょうか。そういう「女王」も「王」の派生語ですが。

ばあさんとじいさん

年を取ると人間、頑固になるといいます。「頑固」というと、きまって思い出すおじいさんがいます。

以前住んでいた町の駅前に三代続いているお茶屋さんがあり、わたしはこのお店でいつもコーヒーを買っていました。

コーヒー豆を挽《ひ》いてもらうときはいつも、細かくと頼んでいました。若主人のときは問題がなかったのですが、ご隠居、つまりたまたまおじいさんが店番をしているときは困りました。「それじゃ、コーヒーの味が台無しだ」といって頑として承知しない。そして、自分がおいしいと思う挽き方で挽いてよこしたのです。

はじめのうちは、こっちは客だ、好みにはいろいろある、自分の好みを押しつけるなんてけしからん、と腹を立てていましたが、そのうちしだいにこの頑固一徹なおじいさんに親しみを覚えるようになり、おじいさんが店番をしているときは、これも巡り合わせだと思って黙って受け取るようになりました。

さて、おばあさんのほうはどうか。やはり思い出す人がいます。

随分前のことですが、北ドイツのハンブルクで記念にちょっといいコートを買おうと思って、とある店に入ったときのこと。エレガントなコートに一目ぼれして店の女性に声をかけました。もうおばあさんといえる年代の人でした。

すると彼女は、そのコートを見て、大きく首を振ったのです。

「これはお客さまには早いですよ。こういう服はこれから先まだ十分着られます」

そういって、「これこそお客さまにぴったり」といって別のコートを持ってきました。見ると、学生の着るようなカジュアルな品でした。値段は先ほどの半分以下。わたしははじめのコートが気に入っていたので、やはりあっちを買いたいといいました。

ところが、この人、頑として譲らない。断固安い方を勧めるのです。その自信たっぷりな態度にちょっぴり尊敬の念を覚えたこともあって、結局、彼女の勧めるコートを買いました（あのときは、日本人は若く見えるのでわたしも実際より若く見えたのでは、などと思ったけれど、よく考えれば「この人には高級品は似合わない」と思われただけかも……）。

ところで、頑固ばあさんというと、外国人の話になったことに気づかれたでしょうか。そうなのです。日本人となると思い当たらないのです。そもそも、日本では頑固ばあさんは生まれにくいからです。

日本の男は自分が支配できるかわいい女が好き。そして、かわいい女からはけっして頑固ばあさんは生まれません。そういえば、いまをときめく女優さんがインタビューで「将来はかわいいおばあちゃんになりたい」っていってましたっけ。

自分を主張しようとする年取った女は、日本では「頑固ばあさん」ではなく、「意地悪ばあさん」になります。これにはわけがあります。頑固はすなわち信念の行きつく先だから——男は男らしく信念を曲げずに生きろ。まわりを気にするな。正攻法で行け。荒野をひとり行く孤独なヒーローは、いつの時代も男たちの憧れです。

かたや女は、いつだってまわりを気にしながら生きていかざるを得ません。ですから、自己主張しようとするときは、正攻法ではなく、目立たないように裏から手を回そうとすることが多くなります。で？　行きつく先は——意地悪。

ところで、頑固ばあさんはいませんが、おせっかいばあさんはいます。この両者、ちょっと見ると似ているようですが、やはり違うのです。頑固ばあさんは自己の信念を貫こうとしますが、おせっかいばあさんのよりどころは世間の常識だからです。そんな格好で出かけたらみっともない、そんなことをいったら生意気だと思われるよ……。これらは自己の信念ではなく、世間の、多くの場合女らしさの規範に基づくものだからです。

意地悪ばあさんといえば、長谷川町子の人気漫画がありました。主人公（お石さん）の意地悪は半端ではありません。よくもここまでやるなと顰蹙を買うようなことばかり。しかしこの漫画は大変な人気を博しました。

そのわけは、どんなに威勢がよかろうと、意地悪だろうと、お石さんはやはり「老い」と「女」という、絶対的な弱さを抱えた存在だからです。ちょうど人気アニメの『トムとジェリー』で、弱者であるねずみのジェリーが強者である猫のトムをいくらひどい目にあわせても、見ている方はどこか痛快さを感じる、その辺の心理と通底するのかもしれません。

つくづく思うのですが、意地悪というのは、弱者のもの。意地悪は女のほうに多いといわれますが、もしそういう傾向があったとしても、それは本質的に女のほうが意地悪なのではありません。置かれた立場からそうなったにすぎないのです。

そういったからといって男が意地悪をしないということではありません。女のそれより少ないかもしれませんが、その分たちが悪いことが多いですね、ハイ（ついでながら、「ばあばあ」「じいじ」と違い、「ばばあ」「じじい」の印象が悪いのは、日本語には「長音＋短音」を好み、「短音＋長音」を嫌う性質があるため）。

結婚情報誌『ゼクシィ』のＣＭソング『家族になろうよ』で、福山雅治はあらまほしき家族の姿を歌います。

ふたりの未来の姿は、「おじいちゃんみたいに無口な強さ」と「おばあちゃんみたいに可愛い笑顔」で、ふたりの子どもは、「あなたの笑顔によく似た男の子」と「わたしとおなじ泣き虫な女の子」だって。

いつの時代の話かっていいたくなりますが、二〇二〇年の紅白歌合戦で歌われたことでわかるように、『家族になろうよ』は、現在でも大変人気のある曲です。ネットでも、感動した、美しい家族の姿に号泣したとの書き込みが続々。うーむ……。

女と男では意味が違う

そのほかにも、「男泣き」「男気」をはじめ、非対称なことばは嫌になるほどたくさんあります。その一部をここに記しますが、これらを眺めているとおのずと男社会の価値観が浮かび上がってきます。

女盛り・男盛り　女盛りは女性が成熟して一番美しいときを指しますが、男盛りは働き盛りを指します。

女々しい・雄々しい　女々しいは意気地のない、情けないという意味ですが、雄々しいは勇敢で男らしいという誉めことばです。

女手・男手　「女手（男手）ひとつで子育て」という言い方で使われることが多く、一見同じ使い方にみえますが、内容が違うのですね。「女手ひとつで」のほうは主として仕事をして収入を得たことを意味しており、「男手ひとつで」のほうは家事や育児をしたことを指しています。これはまさに男女役割分担意識から生まれたことばです。

才媛と秀才　「美女」を意味する「媛」でもわかるように、才媛というと、能力だけでなくすぐれた容姿も意味することが多い。「女は綺麗《きれい》でなんぼ」との価値観が染みついているからです。男性を指すときには、「秀才」のように両性に使えることばが用いられます。

継母・継父　継母《ままはは》が悪役の日本の昔話は『鉢かづき』『落窪物語』など数多あります。日本に限らず、継母は各国の昔話で悪役として登場しています。ところが継父は……いや、そもそも男親はあまり出てきません。子どもとの関わりが少ないからというのが理由のひとつでしょう。

『白雪姫』や『ヘンゼルとグレーテル』などで継母だとされている母親は、グリム童話集の初版では実母だったのが、その後グリムによって継母に書き換えられました。ドイツでは一九七〇年代に「継母のイメージを不当に貶めた」と、グリムを糾弾する動きがありました。

夫人・夫君　夫人は○○さんの妻であり、夫君は○○さんの夫ではありますが、総理夫人とはいっても総理夫君とはいわないことは、原田マハ『総理の夫』をみてもわかります。もちろんこれは社会的な地位のある女性が少なかったためで、ドイツやイギリスで女性首相が登場したことにより「ファースト・ジェントルマン」なることばが生まれたことをみると、今後は変わっていくのではないでしょうか。

このケースでは女性に「人」、男性に「君」が使われています。いわずもがなですが、「人」より、「君」のほうが上です。君子、主君でわかるように「君」は人格や地位の高い人に使います。妻を細君というのは、もとは「小君」といっていたことが示すように（細は「小」とか「つまらないもの」と同義）、へりくだった言い方なのです。

対語がない

男前　たいへんけっこうなことばですね。容姿もよし、気《き》っ風《ぷ》もよし。もちろん「女前」なんてことばはありません。「男らしい」女はかっこいいとされ、「男前」といわれます。対して「女らしい」男は、なよなよ、女々しい、女の腐ったのなど、ロクなことをいわれませんね。男を表すことばは、まあほんとにいいものばっかり。

渋い　女には美しさと同時に若さが求められます。けれども男は必ずしも若くなくてもよろしい。そのことは「渋い」とか「苦みばしった」「風格がある」「貫禄がある」などといった表現に表れています。

遊女　これを英語に直訳するとプレイガールとなり、「女が」遊ぶのですが、日本語では「男を」遊ばせる女なんだ……。

女色・男色　女色は男性の異性愛を、男色は同性愛を指します。つまり、どちらも男性の性愛を指しているのです。これは女性の性愛が黙殺されてきたからではないでしょうか。

二号　さすがに昨今は聞かれなくなりましたが、わたしの若いころはまだときどき耳にしました。このことばは女性しか指しません。つまり愛人を作るのは男だけという前提があるからです。

女が嫉妬深いといわれる理由のひとつは、このように男女関係が対等でないところにあります。男はそもそも嫉妬する状況におかれにくいからです。嫉妬――ご丁寧に漢字の両方が女偏ですよ！

でも社会全体を見ると、けっして嫉妬は女の特性ではありません。日本ラグビー協会の谷口真由美元理事は、「ポストを手にできなかったおっさんの嫉妬はすごい」と、次のようにいっています（『おっさんの掟』）。

私を含め外部から女性理事が登用されたことで、「自分もようやく協会理事になれる」と思っていた「おっさん」がポストを与えられず、その影響が私たち〝外からやってきた人間〟の改革を拒んでいた面は否定できないでしょう。「嫉妬」という言葉が〝女へん〟で表されていること自体、疑問を感じます。

女と男の視点で考えるからややこしくなるのです。次章「女の敵は女？」でくわしく述べますが、巷《ちまた》で「女は……」「男は……」といわれることがらも、日本特有のタテ社会の論理や上下構造に落とし込んで眺めると、そのありようがくっきりと見えてくることがいかに多いか。この切り口は、残念ながらいたるところで機能しています。

「人＝男」が基本

青年・少年・僕ら

「少年の主張」作文コンクールや『ボクらの時代』なんていうテレビ番組もあります。これらは両性を指しており、参加者にはもちろん女性もいます。ただし、男性だけを指すことはあっても、女性だけを指すことはありません。

うちの人　妻が夫を指していうときのことば。夫が妻を指すときは「うちの奥さん」「うちの女房」「うちのかみさん」とはいっても、「うちの人」とはいいません。「人＝男」が基本のことばといえば、「主人」もそうですが、「うちの人」のほうが根が深い気がします。「主人」はすでに上下関係を含んでいますが、「うちの人」にはそれがないからです。

ここからは、「えっ、女も人だったの？」とでもいう、ため息の出そうな「無邪気さ」すら感じられます。そうそう、成瀬仁蔵は「婦人と言えども人である」といったのでしたね。「美人」「麗人」「佳人」などは「人＝女」ですが、これらは容姿の美しい女性にのみ使われます。ということは……器量がよくない女は「人」じゃないってこと？「人＝女」といえば、「夫人」もそうでした。こちらは夫のいる人。ということは……結婚していない女は「人」じゃないってこと？

彼女・彼　第二章でも記したように、日本語の「彼」は両性を指していましたが、性別を示す段になって女の方に語尾をつけたわけ。つまり「彼女」は派生語なのです。

女丈夫・女傑　次の「男勝り」もそうですが、女を誉めるときに「男」を意味することばで表現するところに、日本語の根深い男性優位性があります。

女丈夫・女傑とは、すぐれた才知や勇気があり、実行力のある女性のことをいいますが、

「丈夫（じょうふ・じょうぶ）」とは、すぐれた立派な男のこと。つまり女丈夫はその「女版」であり、「丈夫」からの「派生語」といえるのです。

「いや、男を指す『偉丈夫』や『美丈夫』ということばもある。女丈夫が派生語なら、こちらも同じだ」といわれるかもしれません。

だが、しかし。

どちらも「男」ということばを使っていません。「人＝男」の価値観が根底にあるからです。同様に、「傑」も豪傑や、怪傑、傑作のようにすぐれた人物（もの）を指しますが、「女傑」とはいっても「男傑」とはいいません。女傑というと木曽義仲の愛妾巴御前《ともえごぜん》が頭に浮かぶことを考えても、すでに死語ですな。たとえ日常会話で使われるとしてもジョークでしょう。

ついでながら、巴御前も、「弾かれた女」です。鎌倉軍に追われた義仲は、最後までおそばにと願う巴を退けて、乳兄弟であり、生きるも死ぬも一緒にと誓い合った盟友今井兼平とともに果てます。

これを巴に対する愛情だという人もいますが、そうではない。彼女にとって、愛する義仲とともに戦って死ぬことこそが本望だったでしょう。ここでもホモソーシャルが優先されているのです。

「男勝り」はかわいい女

「女は助手席」という時代がありました。運転するなんて生意気だ、男のやることだ、というのがその理由です。けれどもこれにはもっと重要な意味があります。助手席に乗ることは、相手に行き先を委ねることだからです。行き先を決めるのはあなた――これは人生そのものに通じます。

ドラマ『逃げるは恥だが役に立つ』（二〇一六年）で、「ひとりで生きる働く女」土屋百合が車を運転している姿が印象に残っています――行先を決めるのはわたし。

二〇二二年のアカデミー賞で国際長編映画賞を受賞した濱口竜介監督の『ドライブ・マイ・カー』で、演出家の家福《かふく》が、それまでは他人に（亡き妻にも）許さなかった愛車の運転をドライバーのみさきに委ねたことには、単なる役割分担以上の意味があるように思います。

運転はいわば男の優位性の象徴といってもよく、それを明け渡すことで、家福はそれまで自分を縛っていた「男らしさ」の呪縛から自由になった、といえるのではないでしょうか。

そうそう、四十年以上前にも颯爽《さっそう》とハンドルを握る女がいましたっけ。かの大ヒット曲

『プレイバック　Ｐａｒｔ２』（一九七八年、阿木燿子作詞）で山口百恵は歌います。

　緑の中を走り抜けてく真紅《まっか》なポルシェ
　ひとり旅なの私気ままにハンドル切るの

　この歌がヒットしたころ、わたしは子育てと仕事で猛烈に忙しく、きちんと耳を傾けたことはなかったのですが、漠然と〈新しい女〉の歌というイメージがありました。最近はじめてきちんと聞いてみたら……おやまあ。たしかにこの女性はひとり颯爽と車をぶっ飛ばします。しかも、乗っているのはスポーツカー。極めて男性的な車です。そして男に向かって「馬鹿にしないでよ」と啖呵《たんか》を切る。いやあ、カッコいい。男勝りの女の姿が浮かびます。けれども、けっきょく彼女は年下の男のもとに戻るのです。

　いささか意外な気がしたのですが、考えてみればそもそも「男勝り」とは「男に負けないほどしっかりしている」という意味であり、男のほうがしっかりしているという前提からでてきたことばです。ならば、彼女が戻って行っても不思議ではありません。

　ここには「女にしておくのは惜しい」と通底するものがあります。つまり、優位にあるものが上から目線で「褒めてやる」ときのセリフなのであって、けっして対等な意味での

「褒めことば」ではありません。

強がりばかり言ってたけれど
本当はとても淋しがり屋よ
坊や、いったい何を教わって来たの
私やっぱり、私やっぱり、帰るわね

このセリフは一見年上の女の「余裕」をみせているようでいて、その実、ひとひねりした「かわいい女」のものだということをお見逃しなく。

姉御肌

「男勝り」と似たようなことばに「姉御肌」があります。一部重なる点がありますが「男勝り」のように「男と比べて」ではなく、あくまでも「女としての」資質であるところが違います。気っ風がよくて面倒見もいい、これが絶対的な条件です。頼れる姉《あね》さんっていうか。その点で、「気が強い」男勝りより、姉御肌の方が男たちには好まれるでしょう。
よく似た表現に「親分肌」があります。こちらは、リーダーシップがあることが条件です。親分ということばが示すごとく、仲間内の頭《かしら》を指し、上下関係があるところが「姉御肌」と違います。親分肌は普通男に使われます。トップに立つような強い女はおことわりってわけね。

そもそもこの国では、こと女に関するかぎり、「強い」ということばはけなすときに使われます。強い女は愛されません。気が強いのも、我が強いのも、意志が強いのも、すべてダメ。

強くてもいいことになっているのは「芯」だけ。控え目でたおやかではあるけれど芯の強い女を男たちは誉めそやします。椿が咲く庭のある家に暮らす祖母と孫娘の一年を描いた映画『椿の庭』（二〇二一年）で富司純子が演じたのもそんな女でした。

なぜ芯だけは強くてもいいのか。ここに男のずるさが現れています。芯の強い女はいざというとき頼りになります。普段は優しく自分に逆らわないかわいい女。ところがいざ主人である自分が苦境に陥ったとき、たとえば、リストラにあったり病気になったりしたときには、彼女はそれまでみせたことない強さを発揮します。そして逆境に耐えて自分を支えてくれる、こういうわけね。

日本男子は若くてかわいい女が大好きだと申しましたが、もうひとつの好きなタイプは、「何もかも受け入れてくれるお母さん」。バーやクラブを仕切る女性が「ママ」と呼ばれる

のにはもちろんわけがあります
武士であろうと侠客《きょうかく》であろうと、昔から日本のヒーローは「女ごとき」に心を乱されないものだと申しましたが、こと「おっかさん」になれば話は別。そのいい例が長谷川伸の戯曲『瞼の母』（一九三〇年）です。番場忠太郎の母を恋う気持ちは、彼の「男らしさ」を損なうことはありません。いや、忠太郎が無敵の侠客だったからこそ、この作品は大成功を収めたのです。
おっかさんのバリエーションが頼れる「姉さん」というわけ。さて、ここですっぽり抜けている女性群がいるのはもうおわかりですね。そう、「世代の違わない、対等に向き合おうとする女」です。

漢字に潜む性差別

中国語学者の阿辻哲次は、漢字の「女」とは手を前に組み合わせてひざまずいている人間をかたどった象形文字であり、そこにはやはり「男尊女卑の思想が反映しているとしか考えられない」といっています。
それは漢字の作り方からもわかるそうで、たとえば女を二つ並べた「奻」という字は「がやがやとやかましく言い争う」という意味なのに、男を二つ並べた「嫐」のほうは単に「双子」を意味するだけだとか（『漢字の字源』）。

漢字の「女」は部首ですが、「男」は部首ではありません。

「娘」「嫁」「奸」「妻」のように女部・女偏の字は驚くほどたくさんあります。ここで注意すべきは、女偏や女という字を使ったものの多くがネガティブな意味を含んでいることです。ちょっと考えただけでも、媚・嫉妬・姦・怒・奸計・妄想・奴隷など、芳しくないものばかり。

むろん、「好」とか「嬉」とかいう字もあります。これらについていえるのは感情を表すことばだということです。当時の中国でも「女は感情的だ」との偏見があったのでしょうか。

「嫁」や「娘」については、「家」と「女」、「良い」と「女」の意味が合わさっており、社会の規範を反映しています。びっくりするのは、「嬲」という字。これは、男が女を嬲《なぶ》ることを表しています。したがって「嫐」と書けば、女が男を嫐《なぶ》る意味になる。一般的には「嬲る」を使うのは、男が女を嬲るケースのほうが多かったからでしょう。

これをみると、いまさらのように漢字がきわめてすぐれた表意文字だということを思わずにはいられません。

でも、この字からは別の推測もできるのでは？「嬲」はひとりの女性を巡ってふたりの男性が、「嬲」はひとりの男性をめぐってふたりの女性がからむ、つまり三角関係を表していると考えてもおかしくありません。

事実、「嬲」は「うわなり」とも読み、歌舞伎十八番「嬲」は二〇二二年の大河ドラマ『鎌倉殿の13人』にも登場した「後妻打《うわなり》ち」を題材としたもので、ひとりの男を巡るふたりの女の争いを表しています。

ところが、嬲と反対の形をした字（嫐）には対応する意味（ひとりの女をふたりの男がとりあう）がありません。このことは女と男のおかれた立場がそもそも不均衡なことを如実に示しています。

なんでもすぐに支配する者とされる者との関係にまとめすぎる？　いや、そんなことはありません。真理はいつの時代も単純なものなのです。

「男」が部首でないわけ

先に記したように「男」は部首ではないので、男部・男偏の字はありません。それどころか男を使った字がとても少ない。常用漢字についていえば男と虜の二つしかありません。不思議ですよね。どうしてだろう……？　頭をひねっているうちに思い当たりました。

それはにんべん（人偏）があるから。英語の「man＝人間＝男」の等式は、漢字でも同じなのですね。女偏に対応しているのは人偏、つまり「人＝男」です。それは、「僕」「俺」「伯」「侍」「僧」などの字が男性を意味することと無関係ではないように思われます。そのために男という部首は必要なかったのではないでしょうか。

男という字を使った漢字が非常に少ないのに、女を使った漢字がたくさんあるのも、不思議といえば不思議ですが、男はすでに人間全般を代表しているので改まって表現する必要がないからではないでしょうか。

差別を含むからといって、いまさら漢字を新たに作るのは現実的ではありません。けれども、それを使うわたしたちが、漢字や日本語に巣くう性差別を知っていることは非常に重要であり、意味があると思うのです。

社会が変わればことばも変わる

「歌は世につれ世は歌につれ」といいますが、ことばも同じ。社会の変化につれてことばも変わってきています。女性を侮蔑することばで「死語になったもの・あまり使われなくなったもの」には、「行かず後家・淫売・妾《めかけ》・売れ残り・出戻り・はすっぱ・あばずれ」などたくさんありますが、差別がなくなったというより、「妾」のように単に時代が変わったからという場合も多いのです。

意味合いが変わったものも。たとえば「乙女」。これは本来処女であることを含んでいますが、ドラマ『きのう何食べた?』（二〇一九年）に出てくるゲイの賢二は、まわりから「乙女」だといわれます。もっぱら賢二の可憐な心情を指してそういっているのでしょう。

ことばの変化は辞書の語釈にも見て取ることができます。二〇二〇年一一月に九年ぶりに改訂された新明解国語辞典（第八版）を例にとると、一番大きな変化はジェンダー関係の語釈です。

さらに、LGBTQ（性的少数者）への理解を促す表現が加わりました。

口紅は「〔女性の化粧品で〕くちびるに塗る紅」から「〔化粧品などで〕くちびるに塗る紅」に。アイラインは「〔女性が〕目を大きく見せるために、目のまわりをふちどった線」の「〔女性が〕」が「〔化粧で〕」に変わり、「〔化粧で〕目を大きく見せるために、目のまわりをふちどった線」。手離れは「いちいち母親がついていなくてもいい程度に幼児が育つこと」の「母親」がたんに「親」となりました。恋愛は「特定の異性に対する思い」の「特定の異性」が「特定の相手」に。「逢い引き」は「恋しあう男女」の「男女」が「二人」に。相合傘《あいあいがさ》も「一本の傘を（相愛の）男女が一緒に差すこと」の「男女」が「二人」に。

なお、性別役割分担の固定観念を助長させるような表現については、それが特定の価値観にもとづいていること、あるいは、「過去の用法」と明記されました。例えば、「男」の項では「狭義では、弱い者をかばう一方で、積極的な行動性を持つなどの、伝統的・文化的価値観から評価される特質を備えた男性を指す」との一文が加わりました。「良妻」は「(夫の社会活動をささえ、家庭を守る）いい妻」に、「多く、封建的・家父長制的な価値観の中で、特に評価され、用いられた」と加筆。

貞節、貞操などの語には、かっこ書きで「やや古風な表現」と注釈をつけるなどしています。

また、「三省堂国語辞典」は二〇一四年（第七版）から「すごい美人だ」など「男性目線で書かれた」「美人」の用例を書き換えたとか。

出産・育児雑誌「たまごクラブ」「ひよこクラブ」（ベネッセコーポレーション）も、二〇一六年ごろから「主人」「旦那」を原則、使わなくなりました。また、子連れの再婚家族（ステップファミリー）や同性カップルなど、家族の多様性を反映して、読者アンケートには「配偶者やパートナー」と記載しています。

東京ディズニーランドと東京ディズニーシーは二〇二一年三月、日本航空は二〇年一〇月から、アナウンスをそれまでの「Ladies and Gentlemen, Boys and Girls」から、「Hello Everyone」に変えたといいます。

このように変わった背景には、ツィッターなどで当事者が以前より声を上げやすくなったこともあるのでしょう。

「入籍」ということば

二〇一七年に放映された坂元裕二の脚本による『カルテット』は、ぶっとんだストーリー展開や独特の会話に味があり、大変興味深いドラマでした。他人の夫を呼ぶときに従来の「ご主人」ではなく「夫さん」なる呼び名が登場したのも新鮮でした。

同じく坂元の『大豆田とわ子と三人の元夫』（二〇二一年）は、親戚の結婚式に出たヒロインとわ子が知人から次々と「田中さん」「佐藤さん」「中村さん」と呼ばれる場面から始まります。

なぜ、三つも姓があるの？　もちろん、三度結婚して三度別れたから。日本の現実を揶《や》揄《ゆ》した気の利いた導入です。

一九八〇年代にわたしは夫婦別姓運動に参加していました。結婚後数年間は旧姓を使っていましたが、結局諦めた苦い思い出があったからです。

あれから四十年以上経つというのにいまだに夫婦別姓は実現していません。世論調査では賛成派が圧倒的に多いというのにおかしな話です（安倍元首相の暗殺をきっかけに旧統一教会と自民党議員の関係が明らかになり、執拗な反対の背後にはこの問題もあったと思われるが、ここでは立ち入らない)。

戦後、新憲法のもとで「家制度」は廃止されましたが、夫婦同姓と戸籍は残りました。現在の戸籍の単位は夫婦とその子ども(未婚)の家族で、戸籍ごとに本籍と筆頭者の氏名が記載されており、家族は筆頭者の姓を名乗ると決められています。

実はこれはとても重要なポイントです。というのは、家制度が廃止されたにもかかわらず、戦前の「家に対する意識」が「姓」という形で受け継がれたからです。つまり姓が家のような働きをしているのです。

結婚すると「男性の家に入る」という意識はいまだに残っています。結婚するときには新しい戸籍を作るにもかかわらず、いまだに「入籍」ということばが使われているのはそのためです(ただし、どちらかに離婚経験があるとか、単独の戸籍を持っているとかいった場合は、相手が入籍することはある)。

それを思うと、戸籍制度がある限りたとえ別姓が実現しても、支配と被支配の関係は根本的なところでは解決しないのではないかという気がします。

男は上の名、女は下の名

第一六五回芥川賞を受賞した石沢麻依『貝に続く場所にて』を読みながら、興味深いことに気づきました。

「私」がドイツのゲッティンゲンの駅で人を待っているところから始まるこの物語で、待っている相手の名が「野宮」という姓だけ記されているのを見て、わたしは直感的に男性だと思ったのです。ページを繰ると、やはり「彼」とありました。野宮の友人「澤田」もやはり男性でした。

主人公「私」はおそらく女性。このあと日本人の（舞台がドイツなので）女性が登場したら、その場合は下の名前ではないかと思っていたところ、澤田が「私」に問いかける場面で「そういえば、晶紀子《あきこ》さんは来るでしょうか？」とありました。

主人公が女性であることは、その後のストーリー展開で明らかになり、姓は小峰、名が里美であることもわかります。いっぽう野宮や澤田の下の名前、晶紀子の上の名前は最後までわからずじまいです。

また、松家仁之『泡』では、男子高校生である主人公薫を含む親族が、男女を問わず下の名前で出てくるのは当然として、ほかの登場人物をみると、男性（岡田）は基本的に姓で記され、下の名前（シゲカズ）が登場するのは、薫に紹介されたときと恋人から呼ばれるときだけです。

薫の姓は佐内だとわかりますが、女性の登場人物は三人とも、聡子、マサコ、カオル（香織）だけで、姓はわからないままです。

中村文則『私の消滅』でも、登場人物のうち、男性は主人公を除いて姓のみで記されますが、唯一の女性である「ゆかり」はのっけから名のみで記され、姓はわからないままです。

小説だけではありません。映画『ドライブ・マイ・カー』も、「演出家の家福とそのドライバーのみさき」の物語として展開し、それぞれの名（悠介）と姓（渡利）は「とりあえず」示されるに留まります。

この「女性の姓がわからない」ことについては、三島由紀夫の『綾の鼓』を訳したときに頭を痛めた問題だとして、ドナルド・キーンが次のように書いています（『声の残り』）。

> 問題というのは、登場人物の一人華子に姓が付いていないことだった。日本語ならば、姓がなくても、「奥様」と言えば、それで事が足りる。しかし英語では、姓なしで単に「ミセス」とは言えないのだ。

キーンによれば、「マダム」という呼び方はあるが、同じ劇にすでに「マダム」と呼ばれる別の人物が出てくるため、三島は英訳本のために特別に「月岡」という姓を創ったとか。

男は姓で記すが、女は名で記す。むろんどれもがそうだとはいえませんが、このパターンが非常に多いのはたしかです。それだけではなく、わたしたち読者もこの感覚を共有していると思いませんか。少なくともわたしは、このように男性の登場人物が姓だけで女性が名だけという記述の仕方にあまり違和感がありませんでした。

けれども、もし逆だったら？ 男性には名が割り振られて、女性が姓のみで登場したら、奇妙な印象を受けたのではないでしょうか？

さて、わたしがここでいいたいのは、登場人物の姓と名の両方がわからなければいけないということではもちろんありません。いったいなぜこのような現象が起きたのかということです。

そのわけは家制度にあります。明治以降は生家の姓を名乗り続けるのは男子だけで、女子はいずれ他家へ嫁《とつ》ぐものとされていた。いいかえれば、男は終生家（つまり姓）を背負っていたのです。そして、戦後、家制度が廃止されたあとも家の意識は残りました。

さらにもうひとつ。「男は外に、女は内に」。つまり男は仕事を持つ社会的な生き物であるのに対して、女は家庭内の生き物であるという考えです。社会に出ていれば姓で呼び合うのが普通ですが、家庭内では皆姓が同じ（少なくともこれまでは）であるからして、名を呼ぶからです。

「男は上の名前で、女は下の名前」。象徴的ですねえ。ただし、これはあくまでも社会的な慣習から来ているのであり、書き手の思想と無関係なのはいうまでもありません。でも……だからこそ、根が深いともいえるのではないでしょうか。

浄瑠璃の女と男

『小春治兵衛』（心中天の網島）、『お初徳兵衛』（曾根崎心中）、「『梅川忠兵衛』（冥途の飛脚）――どれも近松門左衛門の名作ですが、レディーファーストとはまったく縁のないこの国にあって、なぜか女の名前が先に来ています。

いっぽう西洋の古典を見ると、『ロミオとジュリエット』をはじめ、『アントニーとクレオパトラ』『ダフニスとクロエ』『ポールとヴィルジニー』……ちょっと思いついただけでも、男が先です。

意外だなあ……。つらつら考えているうちに思い当たりました。

まず、『お初徳兵衛』から。お初は先ごろ亡くなった坂田藤十郎の当たり役でした。藤十郎は長い間上演されていなかったこの演目を戦後（一九五三年）に復活させ、それ以来当たり役となりました。

藤十郎の追悼記事にはこうあります（『産経新聞』二〇二〇年一一月一五日）。

お初が徳兵衛の手を引く形で先に花道を引っ込んだのである。従来、歌舞伎の女形は、立役（男役）から一歩下がっているものと決まっていた。その常識を打ち破り、自らの意志で男性をリードする藤十郎さんのお初は、戦後、社会進出を果たしていく日本の女性たちの共感を得て、新しい女形として一躍ブームを巻き起こした。

同じような記事はほかにも見られます。のちに藤十郎（当時は扇雀）は、「そう演じようと決めていたのではなく、いわば初日のハプニングのようなものだった」と語ったそうですが、わたしは藤十郎が「新しい女形」を演じようとしたとは思いません。この所作は彼がお初という女になり切った結果、必然的に出てきたものです。

そもそも心中ものの主役は女です。これらの作品に共通しているのは、女が男をかばっていること。『お初徳兵衛』はむろん、『小春治兵衛』でも、遊女小春や妻おさんに比べると治兵衛は影が薄い。いや、ひよひよしています（ここで物語に触れる余裕はないが、近松が「女同士《おんなどし》の義理」と名付けた小春とおさんの関係は、いまならシスターフッドというにふさわしい）。

苦界に身を沈めた薄倖《はっこう》な女にとって、来世の幸せを願う気持ちは人一倍強かっただろうことは想像に難くなく、その結果、女の方がより積極的に死へと向かうことになったのではないでしょうか。

近松作品以外でも『お染久松』『お夏清十郎』など、女の名が先にくるものはいくつもありますが、どの話も女のほうが主導権を握っているという点で共通しています。女の名が先になったのは、このためではないかと思われます。

そこで思い出すのが漱石『それから』の三千代です。

結婚するよう親にせっつかれて、代助ははじめて自分が愛しているのは三千代だけだと気づきます。そんな代助の告白をひととおり聞いた後、三千代はきっぱりいいます。

「仕様がない。覚悟を極めましょう」

三千代はどこかはかなげに描かれていますが、いやどうして。肚《はら》の座った人間だということがわかります。けれども三千代は「新しい女」ではない。むしろ近松に出てくるような芯の強い古風な女を思わせます。

男が後ろへさがったら、それはひきさがったってこと。でも女は――助走のためなのよ。

ザ・ザ・ガボール

話がそれてしまいました。

「なぜ女の名が先なのか」については、文芸評論家の山本健吉の興味深い指摘があります。山本はいいます。「救われるべき本体は、お初や小春であって、男ではなかったからだ」

山本は、「古来女は成仏することがとても難しいとされたため」に、世話浄瑠璃には女人救済の思想があったというのです（『古典と現代文学』）。なるほど、近松にはそういう気持ちもあったのかもしれません。

日本語は「女が先」だった

とはいえ、仏教がもともと女性蔑視だったかというと、けっしてそんなことはないようです。仏教学者の植木雅俊によれば、「歴史上の人物としての釈尊は全く女性を差別していなかったし、釈尊在世の頃の原始（初期）仏教の段階では女性出家者たちが男性と対等に潑剌《はつらつ》とした姿で修行に励んでいた」（『仏教、本当の教え』）といいます。

それがなぜ女性蔑視という形で日本に伝わってしまったのか。仏教は中国から伝わりましたが、男尊女卑の儒教倫理を重んじる中国で翻訳改変されたのがその理由のひとつだと、植木は指摘しています。一例をあげれば、原典のサンスクリット語では「母と父」と書かれていたのが中国の翻訳によって「父母」と入れ替えられたそうです。

このような例は日本語にもあります。和語では女が先だったのが、男尊女卑の思想を含む漢語が使われるようになったために順序が逆になったものです。

たとえば、日本には昔「おもちち（母父）」ということばがありましたが、いまでは漢語の「父母《ふぼ》」が使われます。妻と夫を意味する「めおと（女夫、妻夫）」も、漢語の「夫婦《ふうふ》」が使われるようになり、漢語に和語の呼び方をあてはめた「夫婦《めおと》」という表現も生まれました。

先にあげた『小春治兵衛』の文楽床本には、治兵衛の妻おさんのことばとして「女夫の恥は晒さぬ」とあります。また、無頼派といわれて親しまれた織田作之助の『夫婦善哉《めおとぜんざい》』にも、主人公の蝶子と柳吉がぜんざいを食べる場面では「女夫」と記されています。

「いもせ」は「兄と妹」「姉と弟」「夫婦」のこと。「妹兄」とも「妹背」とも書くことでわかるように、女が先です。これらはみな、日本の古代社会が女（母）系だったことを思えば、少しも不思議ではありません。

男が先になった表現が気に入らなくてもいまから新しく作るわけにもいきますまい。けれども順番を変えるだけならば、それはできない相談ではない。単なる慣習の問題です。慣れれば気にならなくなる、それだけです。そんな気持ちから、本書ではできるだけ順序を変えてあります。

第六章

女を縛る魔法のことば

前章では日本語に潜む差別について述べましたが、ここではわたしたち女を日ごろ規制し、拘束していることばのうち、重要なものをいくつか取り上げてみていきます。なかでもぶっちぎりの問題表現は「女らしさ」でしょう。

「女らしさ」と「男らしさ」

「女らしさ」と「男らしさ」は一見対応しているように見えますが、その実意味合いが微妙に違います。含みのある「女らしさ」とは違い、「男らしさ」は、無条件に誉めことばなので、女らしさは過剰なときに、男らしさは足りないときに批判されるのです。

このあたりの事情をうまく描いているのが、二〇一二年に放映されて大ヒットした、岡田惠和の脚本によるドラマ『最後から二番目の恋』の次の場面です。

鎌倉を舞台に千明（小泉今日子）と和平（中井貴一）の中年独身同士がくり広げるラブコメで、ふたりの掛け合いの面白さがこのドラマの肝といっていいでしょう。

ある晩、千明に「男らしくない」といわれた和平は、千明に猛然と食ってかかります。

「いいですか。わたしはね、男らしいってことばにははなはだ疑問があるんですよ」

「女らしいということばと男らしいということば。このね、二つにはね、これかなり　かなりの不公平さがあるんですよ」

和平は続けます。たとえば母親が娘を連れてきて「この子、困っちゃうんですよ。女らしくなくて」、といえば、まわりは「いいじゃないですか、活発なお子さんで」とかいう。つまり肯定するフォローのことばがどんどん出てくる。ところが、母親が息子のことを「この子、男らしくなくって」といったとする。するとまわりは一瞬しーんとなって考えてしまう。なかなか肯定することばは出てこない。

「男らしくないっていわれたら完璧な否定」
「そういわれる男の気持ちなんてあなたにわからないでしょう」

和平は千明につめよりますが、はからずもこの和平の主張こそが、この国で女であることと男であることとの超えがたい立ち位置の差を露呈しています。

和平のいうように「男らしさ」もまた男を縛っている一面があることを否定はしませんが、それはまた別の論点になります。

犬は男らしくて猫は女らしい？

長い間わたしには、犬は男性的で猫は女性的だというイメージがありました。犬は頼もしく強そうで、猫はおしゃれ（たえず身体をなめてきれいにしているので）でどことなく優美だと感じていたからです。

思えば、これも女らしさや男らしさの刷り込みからきていたのですね。もっとも、いまは室内で飼う人が多いうえにトイプードルのような小型犬が人気なので、犬のイメージは変わってきているようですが。

ちなみにペットの動物に対するメス・オスという言い方は廃れ、もっぱら、女の子・男の子というようになりました。わたしはメス・オス派ですが、これがいまや少数派であることは重々承知しています。家族同然になったペットには、もはやメス・オスはふさわしくないのでしょう。

以前飼っていた犬は並はずれてかわいらしかったので（わたしも立派な親ばかならぬペットばか）、散歩していると始終話しかけられました。困るのは「お宅は女の子、それとも男の子？」と聞かれたとき。本当は「メスです」といいたいのですが、「どっちに見えますか？」などといってしのいでいました。

あるとき、大きなリボンをつけたちっこい犬を抱いた中年の女の人から「お宅は、女の子ちゃんですか」と聞かれたので、「はい。お宅もそうですか」と、愛想よく返しました。

すると、その人はあら、という顔をしてこういったのです。

「いえ違いますよ、うちは男の子ですよ。だってほら、おリボンが青いでしょ」

女子力が高い

しばらく前のことですが、「気配りができて、家事、特に料理が得意なかわいい女」は「女子力が高い」といわれていました。その象徴として盛んにいわれたのが、「飲み会でサラダを上手にとりわける」こと。

こういう女性のことを、昔「オホンといえば煙草盆」と呼んでいたそうな。

飲み会で男性からこんなふうにいわれたことはないでしょうか。

「女だからやれ、っていってるんじゃないんだよ。ただね、そういうのは女の人の方が上手だから」

ほんとかな?

図2の『フジ三太郎』をごらんください。ここにあげる作品は一九八五年のもので、「女子差別撤廃条約」や「男女雇用機会均等法」の批准や制定が背景にあると思われます。

三太郎はヒラのサラリーマンで、この時期の部長は女性、課長は男性、係長は女性です。

本書でいくども触れたように、世間で「女らしさ」「男らしさ」とされていることの多くは、性別ではなく、社会的な立ち位置、つまり「支配・従属」関係によって決まることを、この画は雄弁に物語っています。

いわゆる「デキる女」が料理が得意だと聞くと、わたしの中にポッと赤ランプが灯ります。そういう女性には二種類あるから。なぜ料理だけを目の敵にするの？ 掃除や洗濯ではだめなの？ といわれるかもしれません。だめなのですね、これが。家事の中で「料理」は別格です。

食べることにはあまり興味がないと思われるドイツ人の間でさえ、「男心をつかむのはうまい手料理」(Die Liebe geht durch den Magen) なんていうことわざがあるくらいですから。つまり、料理は家事のなかで最も「女らしさ」を体現しているのです。掃除や洗濯で相手のハートをとらえた話はあまり聞きません。

さて、「料理上手」の最初のグループは単純に料理が好きな人。テニスや読書のように料理が趣味だという人――わたしの赤ランプはすんなりと消えます。

では、赤ランプがついたままなのはどういう人かといえば、ズバリその逆で、料理が他の趣味と同格ではない人。「デキる女は料理もうまい」を自覚している人です。たとえ本人が意識していなくても、そこにはやはり「女らしさ」の呪縛が潜んでいるように思います。

こういう「スーパーウーマン」は、仕事を「男並み」にこなしながら、「らっきょうだって漬けるし、カレーだってルーなんか使わない。出汁《だし》だってちゃんととる」。それ自体は結構なことでケチをつける気は毛頭ありませんが、残念ながらここには後に続く働く女たちのやる気をそぐ要素があるのは否定できません。

そういう人たちを目の当たりにすると、わたしを含め、世の多くの女は、わたしにはとてもそんなことはできないと心が折れそうになるからです。

［**図2**］サトウサンペイ『フジ三太郎』1985年6月7日付

しかし……本当の問題点は、別のところにあります。なぜ心が折れそうになるのか——それはわたしたちのなかに「料理も上手なデキる女」を評価する気持ちがあるから。すなわち「女らしさ」の規範から自由になっていないからです。

一言付け加えておきますが、こういうスーパーウーマンの多くは「わたしのやってることくらい、誰でもできる。わたしが特別なわけじゃない」と思っています。そこには他女を見下す気持ちはありません。

それを重々承知しながらも、彼女たちのそういう無邪気さを心のどこかで鬱陶《うっとう》しいと思っているわたしがいる……いやはや、女であることから自由になるのは容易なことではありません。

ここでひとつ、立ち止まって考えてみましょう。そもそも「女らしさ」や「男らしさ」は存在するのでしょうか？　わたしたちがそう思わされてきただけではないのでしょうか？

「女らしさ」「男らしさ」など存在しない？

近年よく目にすることばに「ジェンダー」があります。いちおう説明しておきますが、ジェンダーとは、社会的・文化的に形成された性差を、セックスは生物的な性差を意味します。

だが、しかし。

ジェンダー史家弓削尚子によれば、一八世紀半ばまでの西洋では「身体的性差は熱量の多寡などによって相対的に起こるものにすぎず、男と女の身体は基本的に同じである」（ワンセックス・モデル）と考えられてきたといいます（『はじめての西洋ジェンダー史』）。

母乳や精液も同じ体液とみなされ、月経による出血は男性の鼻血や痔、血痰と同じものとされていました。外性器についても決定的な性差とはみなされず、内に入っているか外に出ているかの違いとされていたとか。

古代ギリシャにおいても、「医学の父」ヒポクラテスは、男性だけでなく女性も精液を出し、両方が混じり合うことで受胎が成立するという「二種の精液」説をとり、アリストテレスは、男女の身体は異なるというより「完全（男性）」か「不完全（女性）」かの相違だと考えていたといいます。つまり、アリストテレスは、「男性優位思想」を初めて標榜した人だともいえます。

一八世紀後半からしだいに男女の身体は絶対的に異なるとする考え方（ツーセックス・モデル）が主流になりますが、それは科学において変化が起こったためではなく、弓削によれば「むしろ認識論の変化、社会・政治の革命的変換の結果生じた」のであり、このような「社会・政治の革命的変換」とは「西洋近代社会におけるジェンダー秩序の要請」であったことになります。

そういえば、月経ひとつとってみても、その仕組みがすでにはっきりわかっているにもかかわらず、いまだ「穢《けが》れ」だとしている国がある……いや、遠くを見るには及びません。いまでも女性皇族は月経中は宮中祭祀に参加できないのでした。

ものごとは、それが「どうあるか」ではなく、「どう見るか」いや「どう見たいか」によって決まることがいかに多いかと改めて思います。

生命科学の進歩によって、人間は女と男の二つにきっちりとわけられるのではなく、すべての性はグラデーションにすぎないということがわかってきました。

「女らしさ」や「男らしさ」の意味は普遍的でも不変的でもないと弓削が言うように、これらの表現を根底から見直すべきときが来ているようです。

脳に性差はない

「女らしさ」や「男らしさ」が存在する論拠として、女と男では生まれつき脳が違うとする一九九〇年代のベストセラー『話を聞かない男 地図が読めない女』（アラン・ピース、バーバラ・ピース）を覚えておられる方も多いでしょう。わたしも面白く読んだ記憶があります。

ところが、二〇〇〇年代に入って、当時最先端の脳科学を紹介したシュテファン・クライン『幸せの公式』を翻訳したとき、わたしは「は？」と思ったのです。ヨーロッパ一の発行部数を誇るドイツの『デア・シュピーゲル』誌の科学記者だったクラインは、脳の性差はあるが、「多くの男女を比較したうえで平均値で何とか示せる程度」であり、脳はくっきりと男性的、あるいは女性的に発展することはめったになく、その中間であることの方がずっと多いといっていたからです。

あれから十五年。この原稿を書いていた折も折、イスラエルの神経科学者ダフナ・ジョエルによる非常に興味深い研究結果が発表されました。ジョエルによれば、ヒトの脳は女性的でも男性的でもなく、「女性的な特徴と、男性的な特徴から成る唯一無二のモザイクなのだ」ということになります（『ジェンダーと脳』）。

ジョエルの研究については、NHKテレビでも放映されました。このなかで彼女は、女と男それぞれの特徴とされるものも、実は両性に見られるといっています（NHKスペシャル『ジェンダーサイエンス』（1）「男×女　性差の真実」二〇二一年一一月放送）。

ジェンダーは私たちを男か女の二つの枠に押し込めようとします。でも私たちの脳はそうではありません。脳は体ほど明確に、男か女のどちらかではないのです。なぜなら脳は男女が入り交じるモザイクだからです。

ジョエルの考えに基づけば、これまでいわれてきたような「女らしさ」や「男らしさ」は存在しないことになります。

アメリカの神経科学者リーズ・エリオットも、脳の性差は極めて少ないだけでなく、女と男で差があるとされる声の高さにも、ジェンダーが関わっているといっています（『女の子脳　男の子脳』）。


男の子は自分より年長の男性を真似ようとして、無意識に必要以上に低い声を出す。同様に女の子は、生物学的に決まっている以上に高い音域で話をする、そのほうが女性らしいと無意識に学習しているのだ。


「人は女に生まれるのではない、女になるのだ」とは、フランスの哲学者であり、作家でもあるボーヴォワールのことばですが、これは女と男の双方に当てはまるのではないでしょうか。

男性でも女性と同じように支配され、弱い立場に置かれれば、女性的とされている考え方や行動をとるようになり、女性でも権力や地位を手にすれば、男性的とされている行動や反応をする可能性があるからです。

「かわいい」は最強

日本の女を縛る点で「かわいい」はまさに「魔法のことば」です。くどいのを承知でくり返しますが、日本男子ほどかわいい（幼い）女が好きな種族はいません。それはまた同時にかよわく受け身な存在を愛することでもあります。

そもそも「かわいい」ってどういうことなのでしょう？　四方田犬彦はいいます（『「かわいい」論』）。

> （日本文化では）小さなもの、繊細なものが愛でられるのと同様に、いまだ完全に成熟を遂げていないもの、未来に開花の予感を持ちながらもまだ充分に咲き誇っていないものにこそ、価値が置かれるという事態が、日常生活のいたるところで見受けられる（後略）

明解ですねえ。ところで、「かわいい」は「うつくしい」ときわめて近い意味だった時代があります。清少納言は「なにもなにも小さき者はみなうつくし」といっていますが、この「うつくし」は現代語の「かわいい」と同じ意味です。「うつくしい」が「美」を表すようになるのは、室町時代以降からです。

ヨーロッパでは女性は成熟していること、つまり「大人の女」(このことば、手垢がついていてあまり好きではないけど)であることが求められるとよくいわれます。

ドイツにいたとき、ドイツ人がちょうど見ごろになったバラを選んで買うのを見て意外に思ったものでした。日本人は開きかけのバラを買う人のほうが多いからです。いま思うと、なんとなくわかる気がします。

「かわいい」は、平安時代までは「うつくしい」ということばで表されていたことはすでにお話ししました。室町時代以降は「うつくしい」は現代語と同じ「美」を表すようになり、かわってそれまで「哀れで見ていられない」「かわいそう」という意味だった「かはゆし」が変化して「かわいい」になったといいます。日本人はどこまでも「小さく、可憐で弱々しい」ものが好きなようです。

『アナ雪』が大ヒットしたのは

ディズニー・アニメのヒット作『アナと雪の女王』の日本でのヒットは記録的で、主題歌の『ありのままで《レリゴー》』が社会現象にまでなったのはよく知られています。

商業的に見ればこの訳は大成功だったといえるでしょう。ただし、原詞のメッセージは著しく損なわれているのですね。原詞の「まわりをはねつける強い（こわい？）女」エルサが、日本版では「自立に目覚めた、けなげな女」に変貌しているからです。

そもそも、エルサは「ありのままで」と歌ったのでしょうか？　いや。「ありのままの自分になるの」という日本語訳に対して、原詞は、「なるようになれ（Let it go）。人のことなんか気にしない」と力強く歌いあげています。

日本語訳のこの「ぬるさ」こそ、日本で『アナ雪』が大ヒットした理由です。その意味でこの訳は絶妙な落としどころだったといえます。

日本では強い女は愛されません。日本版のエルサは、自分らしく生きるために一歩踏み出しますが、「かわいい女」から逸脱することはない。だから、抵抗なく広く受け入れられたのです。

「ぬるさ」といえば、『82年生まれ、キム・ジヨン』の映画ポスターにも同じことがいえます。

韓国で百三十万部を超す大ベストセラーになり、日本でも翻訳小説としては異例の売れ行きを示したチョ・ナムジュ『82年生まれ、キム・ジヨン』には、韓国の性差別の実態がこれでもか、というほどリアルに描かれています。

二〇二〇年に映画化され、早速見にいったわたしは、ポスターを見て首をかしげました。ジヨンとジヨンを心配そうに見守る夫が画面いっぱいに描かれ、夫の横には「大丈夫、あなたは一人じゃない」の文字。これでは「大丈夫、あなたを理解してくれるやさしい夫がいるから」と受け取られてしまう……。

ヘンだな、と思ってオリジナルのポスターを調べてみたところ、ここは「誰もが知っているが　誰も知らなかったあなたとわたしの話」となっていました。日本語版は翻訳ではなく、別個作られたものだったのです。

「let it go」が「ありのままで」と訳されたのと同じ「ぬるさ」が、ここにはあります。

「わきまえる」

わきまえる——昨今、こんなに頻繁に人の口に上ったことばはそうありません。東京オリンピック・パラリンピック大会組織委員会会長だった森喜朗元首相の発言「女性の多い会議は時間がかかる」「私どもの組織委員会に女性は七人くらいか。七人くらいおりますが、みなさん、わきまえておられて」は厳しく批判され、彼が辞任に追い込まれたことはよくご存じでしょう。

おそらく本人は軽い気持ちでいったのでしょう。それどころか、「わきまえる」女性を誉めたつもりだったのかもしれません。けれども問題はまさにそこです。

元首相であり、退任後もこの国で重要な役職を務め続けて大きな力を持っている人物が「悪意ではなく」いや、ひょっとすると「悪意さえなく」こういってのけたことで、彼に代表される支配層に骨の髄まで性差別意識が沁《し》みこんでいることが鮮明に浮かび上がったからです。

この発言は、女性差別を云々する前にそもそも間違っています。会議などでは男性の方が話す時間が長いことは多くの研究が示しているからです。

先にあげたアメリカの神経科学者リーズ・エリオットは、「男女同席時の会話を調査した五六の研究によれば、女性が男性より多くしゃべっていたのは二件にすぎず、二四件で会話の主導権を握っていたのは男性だった（残りの三〇件では、性差は現れなかった）」と述べ、会話の主導権は「話者の力や地位」によって決まると結論づけています。つまり、結果的に男性のほうが長く話していることになります（『女の子脳 男の子脳』）。

朝日新聞に連載中の漫画『ののちゃん』にもよく登場するネタ「校長先生の話は長い」が象徴するように、権力を持った男は長くしゃべる。先ごろのオリンピックでもバッハ会長の話が長かったことが指摘されました。

また、ジョージワシントン大学の研究では「男性は相手が男性のときより、女性のときのほうが三三パーセントも話を遮《さえぎ》る率が高くなる」という結果が出ています。

それを象徴していたのが、二〇一六年のアメリカの大統領選挙でした。ドナルド・トランプがヒラリー・クリントンの発言を「遮りまくっていた」からです。当時「スカートを履いた男」といわれたヒラリーでさえこんな目に遭うのか、と唖然《あぜん》としたのを覚えています。

女が発言できるのは、男たちがもう何も思いつかなくなったとき

ハンネ・ヴィーダー

ここまで書いてきて気がつきました。先ほど、森元首相の「女性が多い会議は時間がかかる」発言は間違いだといいましたが、ひょっとすると、彼の経験では正しいのかもしれません。意思決定の場である理事会や幹事会が、圧倒的に「ボーイズクラブ」だから。男は序列に敏感なものです。トップ（男）が何かいえばみんな「はい」としかいわないのでしょうね。

男子には「さん」付け、女子は呼びすて

思えば幼いころからわたしは、性差別に敏感な子どもでした。一九五四年、小学四年生だったわたしは「班長は男子、副班長は女子」と決めた担任（男性）に抗議の手紙を出して「こんなバカなことをいってきたやつがいる」とクラスのみんなの前で嘲られました。

五年生になったとき、わたしにとって忘れることのできない事件が持ち上がりました（担任は代わっていた）。そのころ、クラスの男子は女子を呼びすてにしていたのに、女子は男子を「さん」付けで呼んでいたことを、わたしはずっと不満に思っていました。

ある日意を決して、クラスの女子を集めていったのです。

「ヘンだと思わない？　なんであたしたちだけ、さん付けなの？　明日の学級会議で女子にもさんをつけて呼ぶように、っていおうと思うんだけど」

すると、みんなは口々にいいました。

そうよ、そうよ。ほんと、おかしい。前からしゃくにさわってたんだ。

翌日の学級会議。わたしは勢いよく手をあげました。

「それっておかしいと思います。男子もあたしたちにさんを付けるべきです」

そのとたん、教室は騒然となったのです。男子はいきりたち、いっせいにわたしを「生意気だ」とののしりました。さあ、ここだ。ここで頑張らなければ。わたしは女子のほうを向いて、念を押すようにゆっくりといいました。

「女子は、みんなそう思ってるの。ねえ、そうだよね?」

ところがどうでしょう、前の日にあんなに熱心にわたしの意見に賛成してくれたはずの女子は、予想外の男子の猛反発におびえて、下を向いたきり、何もいわなかったのです。

こうしてわたしはあえなく敗退し、これを機に、男子からは「生意気」、女子からは「面倒くさい人」とのレッテルを張られて孤立しました。いま風にいえば、わたしはまさに「わきまえない女」だったのでしょう。

この一件は「女は信用できない」という気持ちを幼いわたしに植えつけました。その後自分なりにいろいろな経験をして「あのときのことは女だからではなく、弱い立場に置かれた人間に共通の防衛手段なのだ。男が女の、つまり弱者の立場にいたら同じことをする」ことに気がつくまで、わたしはずっと「同性に対する警戒心」を抱いていたといえます。

女の敵は女?

二〇二二年一月、サンリオの人気キャラクター「マイメロディ」のグッズが発売中止になりました。「女の敵は、いつだって女なのよ」などの文章がデザインされていることに対して批判の声が上がっていたとか。

女の敵は女——これは男たちの企みから生まれたことばです。女に結束されたらまずい、バラバラにしておこうという計算から。決してわたしたち女が口にすべきことばではありません。

第一、間違っています。「女の敵は女」の「女」のところは「弱者」あるいはいっそ「召使」とすべきです。「弱者」「召使」の立場にいるのが「女」だということなのです。召使と主人の関係を考えればわかりやすいでしょう。召使は召使同士で争います。けっして主人とではありません。「ご主人さま」に目をかけられようとしてたがいに争う――告げ口をする、誰かが病気になれば、自分たちの仕事が増えたと文句をいう、おたがいにあら捜しをする――というわけ。

経済学者竹内幹は、「経済季評」（『朝日新聞』二〇二二年七月二一日）で次のような例を紹介しています。

女性が競争を避ける傾向は、競争相手が男性であるときに顕著に観察されている。一方、世界的に珍しい女性優位社会で行われた実験では、性差は逆転し、男性のほうが競争を避ける傾向が強かった。

二〇一七年に亡くなったフランスの大女優ジャンヌ・モローの次の言は、男社会に向けた痛烈なカウンターパンチです。

名声も知性もお金もみんなわたしが持っている。だから男は美しいだけでいい。

ジャンヌ・モロー

女は嘘がうまい――これも同根です。それが「嘘」だということは、政治家を見ればすぐにわかります。なにしろ一一八回も嘘の答弁をしたのが元首相だというのですから。二〇二二年の参院選では、男の嘘を歌って世に出た男性歌手が当選しました……いや、こちらは関係ないか。

「女性はいくらでも嘘がつけますから」と発言した杉田水脈衆院議員が、罷免されないどころか、新たなお役目を拝したときには開いた口がふさがりませんでした（二〇二二年末にようやく事実上更迭された）。

「女の敵は女」に連なるものとして、出世した女性が他の女性の昇進を妨げようとする「女王蜂症候群」なんてことばもありますが、これだって同じ。頑張った末に勝ち抜いて「ご主人側」にたどり着いた召使は、ようやく手に入れた権力を奪われまいとして、同じように這い上がろうとする召使を蹴落とそうとするだけのこと。女も男も関係ありません。

どうしてこんなことばがまかり通っているのか、その辺の事情を、ドラマ『悪女《わる》～働くのがカッコ悪いなんて誰が言った？～』（二〇二二年）が鮮やかに描き出しています。初回の放映は三十年前で、今回リメイクされたものです。

保守的な大手ＩＴ企業で人事課長をしている女性夏目は、女性社員に厳しいことから「女王蜂症候群」と陰口を叩かれています。

次にあげるのは、社員食堂での男性社員同士の会話です。少々長いですが引用します。

「メディアの野村部長左遷になるってウワサ　マジ？」
「早耳だね」
「原因は？」
「常務派ににらまれた」
「野村部長をかわいがってた専務は常務の天敵だからな」

話は続きます。

「専務と常務　もとはいい師弟関係だったのに、出世の順番が狂っただけで後輩を目の敵にするなんてなあ」

「そういえば、人事にもいるよな」

「目をかけてた部下に先に出世されて　仲がこじれた……」

「あ～　女王蜂症候群の夏目さんね」

さらに、ふたりは夏目がその元部下（女性）を露骨に無視しているといって（これについてはあとから事実が明かされるが、それはさておき）、口をゆがめて笑いあう。

「怖えーぞ　夏目さん」

「女の敵は女ってやつ？」

ヘンでしょう、これ。常務のほうは軽くスルーして夏目だけを貶めている。この場面は男たちの発言に強烈なジェンダーバイアスがかかっていることを示しています。

ふーむ。男のつくるものにはこういう目線はなかなかないな。そう思って調べてみたら原作者（深見じゅん）も脚本家（後藤法子・松島瑠璃子）も女性でしたよ――やっぱり。

第七章

女ことばは生き残るか

第四章でふれたように、「実際にはあまり使われていないのに、メディアや翻訳小説、映画の字幕や吹替に頻繁に登場する女ことばに違和感がある」という意見を、近ごろときどき目にします。

物心ついてからいまにいたるまで、自分だけでなくまわりもみな女ことばを話しているなかで暮らしてきたわたしは、女ことばが「あまり使われていない」といわれると正直抵抗がありますが、使う人が少なくなっていることは間違いないので、使っていない人たちには違和感があるだろうことも十分に想像できます。

では、女ことばはいずれは消えていく運命なのでしょうか。

役割語としての働き

今後ますます使われなくなっていくと思われる女ことば。はたして女ことばは生き残るのか。

結論からいえば、なくなることはないと、わたしは思います。

その理由の一番大きなものは、言語学者金水敏のいう「役割語」としての働きです。「役割語」とは、特定の人物像（年齢、性別、職業、階層、時代など）を思い浮かべることができることば遣いのこと。

女ことばはその代表的なもので、ほかに老人ことば「わし……じゃよ」「……でのう」、少年ことば「僕、……なんだよ」、男ことば「俺は……だぜ」、方言「おら……だべ」などがあります。

ただし、役割語は実際に使われている（た）というより「それらしく聞こえる」いわばお約束の記号、虚構のことばであることが多い。ここでは「女ことば」についてみていきますが、同じことは役割語全般についてもいえるでしょう。

ここで、宇佐見りん『推し、燃ゆ』での、就活しようとしない娘を父がただす場面を見てみましょう。

父は母の言葉を取り合わず、どうなの、とあたしに聞いた。

「探しはした」

「履歴書は送った？」

「いや。電話した」

もちろん、文脈から誰の発言なのかはわかります。でも、次のような表現だったらもっとわかりやすいでしょう。

「探しはしたわ」

「履歴書は送ったのかい？」

「ううん、電話したの」

そう、役割語とはこのように便利なものなのです。とはいえ、安易に役割語を使うのは避けるべきでしょう。まず、現代の若い女性はこんなふうにはしゃべらない。次に、日本語のオリジナル作品なら、翻訳とは異なり、登場人者の性別や年齢をはじめ、性格、服装、職業などについて述べたり、独自の語彙やことば遣いでかれらをキャラ付けできたりするので、役割語に頼らなくてもすむことが多いからです。

とはいえ、それだけでは解決しきれない面があるのもまた事実です。それは、書きことばと話しことばとは基本的に違うものだから。テープ起こしのような会話は、部分的に使うにはいいかもしれませんが、すべてそれですませるのはいかんせん無理があります。

「かっけーじゃん　たまんねー」とか、「そうゆったっつーの」など、すべてそのまま再現したら、字面が美しくないうえになにより読みにくい。

それだけではありません。男性の発言にも、活字にすると女ことばと同じになるものがいくつもあるからです。「〜わ」「〜のよ」などの語尾は男性も使います。違うのはイントネーションですが、これは活字では表せません。

次にあげるのはどれも男性のセリフです。

「じゃ、取材いってくるわ」（ドラマ『彼女はキレイだった』二〇二一年）。「うちの会社、人全然　足りてないのよ」「ああ、ごめん……今日も　家　行けないわ」（ドラマ『スナックキズツキ』二〇二一年）。

これらは映像なので誰が話しているのかわかりますが、活字だと十分な前後関係がない限り、このまま文字にするとしばしば不具合が生じます。このように、書きことばとは、ある程度リアルさを手放さなければならないものなのです。

もうひとつ。いくら地の文で説明できるといっても、重要でない人物の場合は詳しく描写することができません。その結果、その人物の発言はややもすると役割語になりがちです。でも……フィクションなどの場合、それはそれでかまわないと、わたしは思います。

翻訳の場合

社会的な背景や文化、慣習など、基本的な文脈を読み手と共有している日本語オリジナル作品とは違い、翻訳の場合はまず登場人物の性別からして自明ではありません。それでも英語なら、ファーストネームでわかることも多いのですが、ほかの言語、たとえばドイツ語だと、ファーストネーム自体が日本の読者にはなじみがないときています。

ハンスやペーターならともかく、クルトやジーモンだとすぐに男性とはわからないのでは？　女性の名前はもっとやっかいです。ハイドルーンやイルムガルトなどと書いてあったら首をかしげる読者が多いでしょう。

これが翻訳に役割語としての女ことばが使われがちな理由のひとつです。

しかし、もっと大きな理由は、西洋語には会話部分に「she said, he said」が記されているので誰の発言なのかわかるのに対して、それを日本語に翻訳するときには、わずらわしいからと省くことが多いからです。その結果、誰のことばかはっきりしなくなるおそれがあります。

かといって、人物描写や前後関係などを訳者が勝手に書き加えるわけにはいきません。となると、いきおい語尾を中心とする口調に頼る要素が多くなり、女ことばをはじめとする役割語が登場しやすくなるとはいえます。

ただし、近年は翻訳でも女ことばは減ってきています。手元にある『ファットガールをめぐる13の物語』（二〇二一年、加藤有佳織・日野原慶訳）をみても主人公の女子高生は女ことばを使っていませんし、わたしも『ネオナチの少女』（二〇一九年）の主人公には女ことばをしゃべらせていません。

もっと前の、たとえば『花粉の部屋』（一九九九年）では、一八歳の女主人公は女ことばで、同年代の女友達は「中立語」で訳しています。これはふたりの出自や環境、そしてキャラクターの違いによるものです。

書籍翻訳にはまた、別の問題もあります。いくらリアルなことば遣いが重要だとはいえ、語り口をある時期に特定してしまうと、訳文の寿命が短くなるリスクがあるからです。それがオリジナル作品との決定的な違いです。

翻訳では一定の普遍性、時代に密着しすぎない表現が選ばれやすいのはそのためです。このあたりにも「標準語」である女ことばが登場しやすい理由があるといえるでしょう。

外国人インタビューの翻訳文体

ひとくちに翻訳といってもさまざまな分野があり、求められる表現のあり方も千差万別です。そのなかでもわたしが以前から違和感を覚えていたのは、映画のパンフレットに掲載されたインタビューの翻訳でした。

質問者が「ですます体」なのに、返事がほとんど「女ことば」や「男ことば」で訳されていたからです。

違和感の原因は、話し手の年齢からいって「女ことば」では不自然だというだけではありません。女ことばが口語だからです。仕事でインタビューを受けるのですから、欧米語であっても「ですます体」のような感覚で話していると考えるのが自然ではないでしょうか。英語であれ、ドイツ語であれ、たとえ親しみを込めていてもそれなりの丁寧な話し方をするものです。

このような、いわば「ため口翻訳」が多いことについては、西洋人は日本人よりもフランクで親しみやすいというイメージがあるからだという指摘があります。だとすると、それはそれで首をかしげざるを得ませんが……。「フランクな口調＝ため口」ではないからです。

たしかにアメリカ人は初対面でも「ファーストネームで呼んでくれ」といいますし、西洋人のなかには、たとえ仕事の場でも非常にざっくばらんな話し方をする人がいるかもしれません。そういうときには、質問者のことばもくだけた口調にするのが妥当ではないでしょうか。

とはいえ近年、このような翻訳について疑問視する声が上がり始めたこともあって、現在は急激に減っているようです。現に、『シラノ』（二〇二一年）や『水を抱く女』（二〇二〇年）、『わたしは最悪』（二〇二二年）では、インタビューは「ですます体」で訳されています。

興味深いのは、韓国映画の『はちどり』（二〇二〇年）や『ＫＣＩＡ　南山の部長たち』

（二〇二〇年）では「ですます体」になっていたことです。おや？　と思って『パラサイト』（二〇一九年）を見たら、やはり「ですます体」でした。

韓国人のインタビューが「ですます体」なのは、偶然ではないような気がします。「フランクではない」アジア人同士だからかも？

字幕の場合

書籍やパンフレットなど、活字による翻訳が役割語に頼りがちになる理由については先ほど述べたとおりですが、これを踏まえて考えると、登場人物の性別や年齢、階層などの情報が目に見える映像の翻訳は、基本的には活字媒体より役割語は少なくて済むことになります。

ですから、テレビや映画の字幕翻訳であいかわらず若い女性のセリフが女ことばに訳されているのをみると、正直違和感を覚えないわけではありませんが、字幕翻訳には字幕翻訳ならではの事情があるのではないかとも思います。

最初に頭に浮かんだのは、セリフのトーンの補いとして使わざるを得ない場合があるのではないかということ。活字と違って、映像では話者が見えるだけでなく声も聞こえるとはいえ、観客がセリフのトーンを聞き分けるのはむずかしい。

そもそも聞き取れないから字幕で見るのです、微妙なトーンまでわかる人には、字幕は不用でしょう。日本語の映像作品と違うのはここです。いいかえれば、日本語オリジナルの映像ならセリフのトーンで表現できるところが、字幕ではかならずしもそうはいかないということです。

また、複数の人間が口々にしゃべっているときなど、誰の発言かわかりやすくするためにあえて女ことばを使うこともあるでしょう。字数制限があるうえに、すぐに消えてしまう。これらは活字翻訳との決定的な違いです。

書籍の翻訳の場合、日本人にはわかりにくいとか、文章のリズムが損なわれる、注を避けたいなどの理由で、最善ではないと知りながら「あえての選択」をする場合があることは自分の経験からよくわかっているので、字幕翻訳においても「苦渋の選択」があるのではないかと想像します。

以上は字幕の場合であり、吹替についてはまた別の観点が必要ですが、わたしには音声翻訳の経験がないので、ここでは立ち入りません。

女ことばがふさわしいのは

ここでひとつはっきりさせておきたいのは、日本語オリジナル・翻訳を問わず、女ことばがふさわしい場合があることです。

そもそも女ことばとは「女は丁寧で上品なことばを使うべき」という理念によって作られたものです。いいかえれば、そのような価値観が大手を振っていた時代の女性の発言なら女ことばがふさわしいことになります。

まずは時代背景です。たとえば一九世紀社会が舞台で、家には使用人がおり、それなりの暮らしをしている女性なら女ことばが自然でしょう。ことばは時代とともにあるもの。現代の女性が話していることば遣いは関係ありません。

第一章で述べたように、女ことばは階層を表すものでもあるのです。たとえ自立した強い女性であっても、まわりから奥様とかお嬢様とかいわれる婦人が衣擦れの音をさせながら——相手が召使などの場合はこの限りではありませんが——「わたしはそんなふうに思わないよ」「なんといわれたって、わたしはいかないよ」と話すのはいかがなものか（もちろん、新たな表現の可能性を探る実験的な試みなら話は別）。

西洋語には「女ことば」はないという意見もありますが、翻訳はあくまでも「日本語で表現するとしたら」が原点です。たとえば、初対面の相手には日本では敬語を使うのが基本ですから、そういう場面ではたとえ原文がフラットな文章でも、敬語で訳すことが多いでしょう。

聖書の訳も同様で、英語（ドイツ語でも）では「In the beginning God created the heaven and the earth.」とごくフラットな表現なのに、神に対する捉え方が違うため、日本語では「始めに神が天地を創造された」のように訳されるのが普通です。

女ことばでは強さや自主性を表現できないわけではありません。「わたくしはそんなふうに思いませんの」「なんとおっしゃられましても、わたくし、ぜったいに参りませんわ」では弱い？　いや。そんなことはありません。女は従うものとされ、社会がそのことに疑いを持たなかった時代なら、このように自分の意思をはっきり示すこと自体、すでに強さの証です。

くり返しますが、女ことばは口語です。昔の人々がどんなふうにしゃべっていたのかは正確にはわかりません。たとえ書き残されたものがあっても、実際の話しことばとは違うと考える方が自然です。ということは、あくまでも現代のわたしたちから見て自然に思えるように表現するに留まるのであり、その限界を超えることはできません。

では、現代の作品の場合はどうか。これはいうまでもなく話し手の年齢によります。先に述べたようなさまざまな事情があるとはいえ、実際に使っていない世代の女性の発言を女ことばで書いたり訳したりするのはできるだけ避けるべきでしょう。

逆にいえば、将来どうなるかはともかく、いまのところは年配の女性を中心に女ことばがしっくりくる人たちがいるということです。もちろん、年齢だけではなく、その人のキャラクターや環境、経歴、たとえば都市部の出身か仕事をしていたのかなども関係してくることはいうまでもありません。

映画『スペンサー　ダイアナの決意』（二〇二二年日本公開）では、ダイアナ妃のセリフは女ことばで訳されていますが、彼女がプリンセスだったこと、旧弊で伝統的な世界の住人だったことを考えると、それもありではないかと考えます。

男が使う女ことば

名曲『上を向いて歩こう』で知られる作詞家永六輔は、自らを「男のおばさん」（年を取ってからは「男のおばあさん」）と称して、女性的なことばを使っていました。その理由を、たとえ怒っているときでも「男ことば」より「女ことば」のほうが、やさしく感じられるからだと、永は語っています。たしかに同じことをいっても、女性的な物言いのほうが、あたりが柔らかくて摩擦が少ないとはいえるでしょう。

でも、それだけだったのでしょうか。永が女ことばを使った背景には、彼ならではの人間観があったのではないでしょうか。

「男のおばさん」とはつまり、男性でありながらおばさんのようにものを見る人のことです。永は「ものごとは男目線だけではなく、女目線でも見るべきだ」と考えていたのだと、わたしは思います。このことと、女性的なことば遣いを好んだこととはけっして無関係ではありますまい。

オネエことば

言語学者クレア・マリィは、「一般的に『男性が利用する女ことば』として解釈されてしまいがちな『オネエことば』は、〈マネ〉ではなくパロディーだということができる」といっており、オネエことばの重要な要素として「偽悪」を、いいかえれば「毒舌」をあげています（『「オネエことば」論』）。

男ことばではきつくても、女ことばというオブラートで包めば、いいにくいこともストレートに口にできるということでしょう。

オネエことばを駆使するタレントは、マツコ・デラックスをはじめ、ミッツ・マングローブ、IKKOなど数多く、それぞれ活躍していることはご存じの通り。人気のテレビ番組『マツコの知らない世界』は、さまざまなジャンルのスペシャリストが登場してマツコに自分の「世界」を披露し、それに対してマツコが感想を述べるというものです。

そのときのマツコの遠慮のない物言いがこの番組の人気のひとつですが、けっして単なる毒舌ではありません。辛辣なことを言い散らしているようで、その実さりげなくフォローしているあたりが、マツコが人気者として居続けられる理由でしょう。

その際、オネエことばが大いに力を発揮するのはいうまでもありません。

「対象者を叱りつけながらも素直に従わせるためには、辛辣さと女らしさが適度に混ざったオネエことばがうってつけ」（マリィ）なのです。アタシはきついこというよ、でもアンタのことを思っていってんだからね、というような。

けれども、人気の理由は、それだけではないでしょう。この点についてマツコ・デラックスの自己分析は正鵠《せいこく》を射ています。

マツコは「（自分は）キワモノであり、対等の存在ではない。社会の端っこにいるから、何でも好きなことがいえる」と語っています。「アタシが何をいったってどうせあのオカマが」と思うだけだから、と。

次にあげるのは、マウスコンピューターのCM撮影後のインタビュー（二〇二一年）です。

「長生きして、どんな楽しみがあるのよ。孫の成長とかが見れるというならば、まだ生きている価値はあるだろうけどあんた、オカマが90、100まで一人で生きて、何の幸せがあるのよ。早く死にたい」

先に述べたように、「どうせアタシなんか」と自分を一段低いところに置くことは（マツコは実はとっくにそんなところにはいないが）、マツコの自己防衛手段なのかもしれません。女ことばから派生した、いわば女ことばのパロディであるオネエことば。ひょっとすると本家より長く生き延びるのではないか……そんな気がします。

「過剰な女ことば」という武器

『なんて素敵にジャパネスク』で知られる作家の氷室冴子に、次のような興味深いエピソードがあります。ある海外旅行のツアーに参加したときのこと。独身女性をターゲットに暴言を吐き続けた有閑マダム風の女性に、ついに怒りを抑えられなくなった氷室は大声で笑ってみせたあと、猛然とこの人に切って返します（『新版 いっぱしの女』）。

「おばさま、私、学校を出てから十年間、とりあえず、ひとりで稼いで食べてきましたの。（中略）よそさまの娘さんを小娘よばわりなさるのは、いけませんわ。私の父や母が聞いたら、私のために泣きますわ」

ベタベタの女ことばを使うことで、氷室は相手を牽制し、攻撃しているのです。慇懃無礼という表現があるように、丁寧なことば遣いも過剰になれば皮肉や攻撃性を持ちえます。おまけにこういっておけば「年上の人間に向かって乱暴な口を利いて！」と非難されずにすみますからね。

それだけではありません。このような過剰な女ことばは、「ことばのコスプレ」として働き、素の自分とは違うキャラを演じることで気持ちに余裕が生まれる効果もあります。

先日、こんな記事を読みました。「SNSで話題〝お嬢様部〟って？　大学に高校、商店街まで創部、合言葉は「ですわ」」（「AERA dot.」二〇二二年九月六日）。

「〇〇ですわ」「××ですのよ」……そんな言葉遣いをする人々がネット上に増殖している。その中心は、大学の〝お嬢様部〟を名乗る「ネット民」だ。〝お茶会〟と称する食事写真や日々思うことをツイートしている。

現在、全国で百以上の大学に非公認サークル「お嬢様部」があるといいます。「女ことば」を使わずに育った世代にとって、究極の女ことばともいえるお嬢様ことばで話すことは、「ごっこ」遊びの延長線上にあるのでしょう。そこには、「お嬢様」に対する永遠の憧れがあるのかもしれません。

あふれる性的カテゴリー

東京の井の頭公園に小さな水鳥を紹介している看板があります。動物たちのことばが吹き出しの中に書かれているのですが、どれも女ことばなのです。

カワセミ「鳴き声をたよりに探してね」

コサギ「泳がないの。浅いところを歩くの」

バン「泳げるけど、歩く方が得意なの」

女ことばになっているのは、性別によるものではなく「なにもなにも小さき者はみなうつくし」だからであり、それなら女ことばの方がふさわしいということなのでしょう。

いっぽう静岡県の水族館のパンフレットでは、アシカは「このポーズ、君もできるかな⁉」、ペンギンは「ボクらのお家へおいでよ！」といっているんですね（伊豆・三津シーパラダイス）。どちらのケースも、性別ではなく、わたしたちのなかに深く刷り込まれているイメージに従っているのです。

日本に来た日地谷＝キルシュネライトを日々驚かせたのは「日本社会においては人々の行動規範や自己理解や世界観が当たり前のように性別の違いによって区別され、美学化されている様子」だったことは、「はじめに」でお話ししました。

性別による「区別」は、地名にも及んでいます。

たとえば、金沢市の発行しているガイドブックには、市を流れる二つの川について「どことなく繊細な情緒のある浅野川は、別名「女川」と呼ばれ」、「犀川は豪快な流れから「男川」と呼ばれています」とあります。

東京の湯島天満宮に続く坂道や高尾山など、神社やお寺を中心に「女坂」「男坂」といった呼び名もいたるところにあります。なだらかなほうが「女坂」で、険しいほうが「男坂」。こんな呼び名をつけるところをみても、性別が固定観念として隅々まで浸透していることがわかります。

この点については、日地谷＝キルシュネライトも次のように指摘しています（『性別の美学』）。


日本の社会では、性的カテゴリーに区分して世界を見、世界を把握するという傾向が、歴史的に、そして現代においても、他の多くの文化圏より強いということだ。

もう「女らしい言い回し」はしない

本書を閉じるにあたって、わたしは自分に問いかけてみました。日常の話しことばとしての女ことばは早晩消えていくだろう。わたしはそれを寂しいと思っているのだろうか。いいや。なぜって、わたしはいま多くの女性たちが話している「中立語」を簡潔で気持ちがいいと思っているから。なんであれ、女と男を徒《いたずら》に「区別」しているものが、この国から減っていくことはわたしの心からの願いだから。

生粋の女ことば話者であるわたしは、これからも女ことばを使い続けます。そのことに少しも抵抗感はありません。「そうだ」ではなく「そうなのね」といおうと、「いいか？」ではなく「いいかしら？」といおうと、それはたいした問題ではないからです。

女なのだから女ことばで話すようにと強制されることは、さすがにもうないでしょう。となれば、ある年代以上の、それも限られた地域の女しか使わないことば、風前の灯のような女ことばなど、もはやまわりが目くじら立てるようなものではありますまい。使いたい人は使う、使いたくない人は使わない。それだけのことです。

しかしながら、問題はもっと根本的なところにあることだけは、しつこいと思われようと何度でもくり返しておかねばなりません。重要なのは、「女らしい言い回し」をやめてきちんと自己主張することなのだ、と。

それが達成されなければ、たとえ女ことばをやめたところで、「女らしさ」の規範から抜け出すことはできないからです。

辞書の語釈が変わってきたように、ごくわずかだとはいえ、日本語は変わりつつあります。その背後にはむろんわたしたち女の意識の変化があります。この流れは今後加速することはあっても止まることはないでしょう。いや、そうでなくてはなりません。

あとがき

翻訳者として日本語と格闘しているうちに、いつのころからか、わたしの関心はドイツ語から日本語へと移っていき、日本語について自分なりに考え、感じたところをまとめてみたいと思うようになりました。

そんな気持ちを河出書房新社の編集者、伊藤靖さんにお話ししたところ、わたしの「女ことば」の話に関心をもたれ、「女ことばを手がかりにして日本語を論じてみてはどうか」という非常に魅力的な提案をしてくださいました。これが本書の出発点です。

独特の助詞や間投詞をもつ、世界でもあまり例のない「女ことば」が生まれた根底には日本独自の「性別の美学」があるといえます。そのことはまた、民主主義国といわれる国のなかで、日本には断トツのジェンダー格差があることと密接な関係があるのはいうまでもありません。

ただし、「女ことば」は話しことばに過ぎず、そのために重要な意思決定の場では使われないうえに、「女らしさ」の規範と密接に結びつけられた時代は過去になったこともあって、もはや「女ことば」には男女間の格差を助長する働きはほとんどないといっていいでしょう。

映画、小説、アニメなどのフィクションや外国人へのインタビュー記事などではいまだに「女ことば」が「活躍」しているにもかかわらず、若い人を中心に使う女性が目に見えて減っている事実がそれを物語っているのではないでしょうか。

わたしたち女にとって大事なのは、明確な意思表示をすることであり、そのためには過剰な配慮をした曖昧な「女らしい言い回し」をやめるべきだというのが、わたしの一貫した考えです。

この国のジェンダー格差がなくならないのは、既得権益を手放さないホモソーシャルな男社会にその最大の原因があるのはいうまでもありません。

成功した男のなかには、女でないということ以外、なにひとつ資格がない輩《やから》がごまんといる。

メイ・ウエスト

それでも、女性が「女らしい言い回し」をやめて自らの意思をはっきりと述べることは、格差を是正するうえで間違いなく大きな力になりえます。

いくら男と同じようなことば遣いをしようと、わたしたち女にはいまだに「女らしさ」の規範が深く刷り込まれています。ちょっとやそっとの意識改革では到底追いつかないほど深く。改まった場では、いまだに男性が席を外した途端、女性たちの口数が多くなるのがこの国の現状です。およそ人間の意識ほど変えにくいものはありません。だからこそ、問題なのです。

書き終えたいま、つくづく思うのは、ことばにはそれなりに敏感であると秘かに自負していた自分が、日本語の性差別については見過ごしがちだったことです。それまでの眼鏡に「ジェンダー平等」という名のフィルターをかけて眺めたとたん、日本語にしみ込んでいる根深い性差別がくっきりと姿を現しました。

たとえば「少女と少年」。これが非対称であること、対語でないことにわたしは気がついていませんでした。今回初めて「え？　少年？　なんで少男じゃないの？」と思ったというわけです。

近くの公園を散歩すれば、小動物に「女ことば」をしゃべらせている看板に足を止め、旅に出れば、案内書の「繊細な情緒があるから女川」、「豪快な流れだから男川」との説明に首をかしげ、フランスのファッションブランドの景品のカフェオレボウルが「夫婦《めおと》茶碗」とよばれる作りだったことに遅ればせながら気がつきました。

このように、日頃何気なく使っていることばや身のまわりの風物にも、「女らしさ」や「男らしさ」の規範がしっかり顔を出しているのです。

近年、全世界規模でジェンダーの多様性が意識されるようになりつつあり、諸外国では欧米を中心にことばについてもさまざまな試みがされています。日本語においても、遠くない将来、ことば全体にわたって見直しが必要になると思われます。

本書では、概ね従来のバイナリー（人間を女と男の二つにわける）な立場で日本語を論じていますが、日本語に巣くう差別的な固定観念を明らかにして問い直す本書の試みが、そうした動きの一助となれればと考えています。

文中の女性の名言は、以前翻訳したタニア・シュリー＋フーベルトゥス・ラーベ編『私だって言ってみたい！――人生が楽になる女たちの名文句』からの引用です。

本書をまとめるにあたっては、友人の和多田雅子さんに下書きの段階から再度の書き直し原稿にいたるまでお付き合い願い、その都度数多くの有益なアドバイスをいただきました。ここに記して謝意を表します。

最後になりましたが、河出書房新社の伊藤さんに編集の労をとっていただけたことは、日本語におけるジェンダー格差をテーマとする本書にとって、とても幸せな巡り合わせでした。というのも、伊藤さんは結婚の際に妻の姓に変えた、この国ではきわめて例外的なおひとりだからです。

平野卿子

二〇二二年五月

主な参考文献

全体を通して

イルメラ・日地谷＝キルシュネライト『〈女流〉放談　昭和を生きた女性作家たち』岩波書店、二〇一八
中村桃子『女ことばと日本語』岩波新書、二〇一二
中村桃子『「自分らしさ」と日本語』ちくまプリマー新書、二〇二一
寿岳章子「日本語と女」岩波新書、一九七九
ウーテ・エーアハルト『誰からも好かれようとする女たち』平野卿子訳、講談社＋α文庫、二〇〇一
タニア・シュリー＋フーベルトゥス・ラーベ編『私だって言ってみたい！　人生が楽になる女たちの名文句』平野卿子訳、講談社、二〇〇二
中村敏子『女性差別はどう作られてきたか』集英社新書、二〇二一
前田健太郎『女性のいない民主主義』岩波新書、二〇一九
酒井順子『百年の女　『婦人公論』が見た大正、昭和、平成』中央公論新社、二〇一八

はじめに／第一章

イングリート・ノル『女薬剤師』平野卿子訳、集英社、一九九六
永井愛『ら抜きの殺意』而立書房、一九九八
エマ・バーン『悪態の科学　あなたはなぜ口にしてしまうのか』黒木章人訳、原書房、二〇一八
網野善彦・石井進・笠松宏至・勝俣鎮夫『中世の罪と罰』講談社学術文庫、二〇一九
長野伸江『日本語は悪態・罵倒語が面白い』光文社知恵の森文庫、二〇一八
ピップ・ウィリアムズ『小さなことばたちの辞書』最所篤子訳、小学館、二〇二二
歴史民俗博物館振興会『性差《ジェンダー》の日本史』二〇二〇
本田由紀『「日本」ってどんな国？　国際比較データで社会が見えてくる』ちくまプリマー新書、二〇二一
上野千鶴子『女ぎらい　ニッポンのミソジニー』紀伊國屋書店、二〇一〇
ルイス・フロイス『ヨーロッパ文化と日本文化』岡田章雄訳注、岩波文庫、一九九一
旧約聖書『創世記』新共同訳　https://www.bible.com
ブルフィンチ『中世騎士物語』野上弥生子訳、岩波文庫、一九八〇
夏目漱石『行人』新潮文庫、二〇〇八

第二章

鈴木孝夫『ことばと文化』岩波新書、一九七三

遠藤まめた『オレは絶対にワタシじゃない』はるか書房、二〇一八
遠藤まめた『ひとりひとりの「性」を大切にする社会へ』新日本出版社、二〇二〇
宇佐見りん『かか』河出文庫、二〇二二
松村栄子『僕はかぐや姫／至高聖所《アバトーン》』ポプラ文庫、二〇一九
水村美苗『日本語が亡びるとき　英語の世紀の中で』筑摩書房、二〇〇八
斎藤美奈子『挑発する少女小説』河出新書、二〇二一
グレゴリー・ケズナジャット『鴨川ランナー』講談社、二〇二一
ミヒャエル・ユルクス『ロミー・シュナイダー事件』平野卿子訳、集英社、一九九六
島田雅彦『君が異端だった頃』集英社、二〇一九
上間陽子『海をあげる』筑摩書房、二〇二〇
森鷗外『阿部一族・舞姫』新潮文庫、二〇〇六

第三章

高島俊男『漢字と日本人』文春新書、二〇〇一
梅棹忠夫『文明の生態史観ほか』中公クラシックス、二〇〇二
パーシヴァル・ローエル『極東の魂』川西瑛子訳、公論社、一九七七
三上章『象は鼻が長い　日本文法入門　新装版』くろしお出版〈三上章著作集〉、二〇〇二
金谷武洋『日本語に主語はいらない』講談社選書メチエ、二〇〇二
多和田葉子『言葉と歩く日記』岩波新書、二〇一三

清水由美『日本語びいき』中公文庫、二〇一八
清水由美『すばらしき日本語』ポプラ新書、二〇二〇
池上嘉彦『日本語と日本語論』ちくま学芸文庫、二〇〇七
谷崎潤一郎『文章読本』中央公論社、一九六〇
川上弘美『真鶴』文藝春秋、二〇〇六
HIROMI KAWAKAMI, "Am Meer ist es wärmer", Übersetzt Ursula Gräfe & Kimiko Nakayama-Ziegler Carl Hanser Verlag, 2010
村上春樹『色彩を持たない多崎つくると、彼の巡礼の年』文藝春秋、二〇一三
HARUKI MURAKAMI, "DIE PILGERJAHRE DES FARBLOSEN HERRN TAZAKI", Übersetzt Ursula Gräfe btb, 2015
坂口安吾『堕落論・日本文化私観 他二十二篇』岩波文庫、二〇〇八
米原万里『不実な美女か貞淑な醜女《ブス》か』新潮文庫、一九九七
南條竹則『英語とは何か』インターナショナル新書、二〇一八
吉岡乾『フィールド言語学者、巣ごもる。』創元社、二〇二二

第四章

『枕草子／方丈記／徒然草』池澤夏樹＝個人編集 日本文学全集07、酒井順子・高橋源一郎・内田樹訳、河出書房新社、二〇一六
チャールズ・M・シュルツ『完全版 ピーナッツ全集 1 スヌーピー1950〜1952』谷川俊太

郎訳、河出書房新社、二〇二〇
ヘミングウェイ『老人と海』高見浩訳、新潮文庫、二〇二〇
三好達治『三好達治詩集』岩波文庫、一九七一
"Der gestiefelte Kater", https://www.projekt-gutenberg.org/grimm/maerchen/chap093.html

第五章

新聞労連ジェンダー表現ガイドブック編集チーム『失敗しないためのジェンダー表現ガイドブック』小学館、二〇二二
谷口真由美『おっさんの掟 「大阪のおばちゃん」が見た日本ラグビー協会「失敗の本質」』小学館新書、二〇二二
浜田敬子『働く女子と罪悪感 「こうあるべき」から離れたら、もっと仕事は楽しくなる』集英社、二〇一八
阿辻哲次『漢字の字源』講談社現代新書、一九九四
石沢麻依『貝に続く場所にて』講談社、二〇二一
松家仁之『泡』集英社、二〇二一
中村文則『私の消滅』文藝春秋、二〇一六
ドナルド・キーン『声の残り 私の文壇交遊録』朝日新聞社、一九九二
『文楽 床本集 近松名作集』独立行政法人日本芸術文化振興会、二〇二三
夏目漱石『それから』新潮文庫、一九四八

植木雅俊『仏教、本当の教え　インド、中国、日本の理解と誤解』中公新書、二〇一一
山本健吉『古典と現代文学』講談社文芸文庫、一九九三

第六章

サトウサンペイ『フジ三太郎名場面13』朝日文庫、一九八六
弓削尚子『はじめての西洋ジェンダー史　家族史からグローバル・ヒストリーまで』山川出版社、二〇二一
シュテファン・クライン『幸せの公式』平野卿子訳、講談社、二〇〇五
ダフナ・ジョエル&ルバ・ヴィハンスキ『ジェンダーと脳　性別を超える脳の多様性』鍛原多惠子訳、紀伊國屋書店、二〇二一
リーズ・エリオット『女の子脳 男の子脳　神経科学から見る子どもの育て方』竹田円訳、NHK出版、二〇一〇
四方田犬彦『「かわいい」論』ちくま新書、二〇〇六
チョ・ナムジュ『82年生まれ、キム・ジヨン』斎藤真理子訳、筑摩書房、二〇一八
上野千鶴子・鈴木涼美『往復書簡 限界から始まる』幻冬舎、二〇二一
小島慶子編著『さよなら！ハラスメント』晶文社、二〇一九
太田啓子『これからの男の子たちへ「男らしさ」から自由になるためのレッスン』大月書店、二〇二〇

第七章

主な参考文献

金水敏『ヴァーチャル日本語　役割語の謎』岩波書店、二〇〇三
宇佐見りん『推し、燃ゆ』河出書房新社、二〇二〇
モナ・アワド『ファットガールをめぐる13の物語』加藤有佳織・日野原慶訳、書肆侃侃房、二〇二一
クレア・マリィ『「おネエことば」論』青土社、二〇一三
氷室冴子『新版　いっぱしの女』ちくま文庫、二〇二一
ハイディ・ベネケンシュタイン『ネオナチの少女』平野卿子訳、筑摩書房、二〇一九
ゾエ・イェニー『花粉の部屋』平野卿子訳、新潮クレスト・ブックス、一九九九

河出新書 063

女《おんな》ことばってなんなのかしら？

「性別《せいべつ》の美学《びがく》」の日本語《にほんご》

二〇二三年五月二〇日　初版印刷
二〇二三年五月三〇日　初版発行

著者　平野卿子《ひらのきょうこ》
発行者　小野寺優
発行所　株式会社河出書房新社
〒一五一－〇〇五一　東京都渋谷区千駄ヶ谷二－三二－二
電話　〇三－三四〇四－一二〇一［営業］／〇三－三四〇四－八六一一［編集］
https://www.kawade.co.jp/
マーク　tupera tupera
装幀　木庭貴信（オクターヴ）
印刷・製本　中央精版印刷株式会社
Printed in Japan　ISBN978-4-309-63162-2